JN093918

写真でスラスラわかる
建築基準法

関田保行 著

X-Knowledge

目次 ● CONTENTS

デザイン：米倉 英弘（細山田デザイン事務所）
DTP：株式会社ユーホーワークス
印刷所：シナノ書籍印刷株式会社

本書は2017年発刊のエクスナレッジ書籍「見るだけで分かる！建築基準法入門　最新法改正対応版」を加筆・修正し、最新の法改正に対応した内容に再編集したものです

凡例

法令、告示の名称は以下のように略して記した。
昭 00 住指発 000 号＝昭和 00 年建設省住指発
第 000 号、法＝建築基準法、令＝建築基準法
施行令、平／令 00 国交告 000 号＝平成／令和
00 年度国土交通省告示第 000 号、平／令 00
建告第 000 号＝平成／令和 00 年建設省告示第
000 号、平 00 消告 000 ＝平成 00 年消防庁告
示第 000 号

Part 1
用途

用語の定義

1 建築物と工作物

❸ 建築物に該当しないもの [法2条1号]

鉄道および、軌道の線路敷地内の運転保安に関する施設や跨線橋、プラットフォームの上家、貯蔵槽そのほかこれらに類する施設は建築物に該当しない [※2]

建築物に該当しないプラットフォームの上家は、道路内に設置できる

❹ 準用工作物 [法88条1項・2項]

法88条1項、2項の規定にもとづき、令138条で指定された工作物は、建築物と同様の法規制が準用される

▶ 広告塔

高さ4m超えの広告塔は準用工作物に該当。煙突（高さ6m超え）や擁壁（高さ2m超え）なども含まれる

❺ 特殊建築物 [法2条2号]

特殊建築物とは、法2条2号で定められた建築物。劇場・病院・学校・物販店などが対象。事務所は特殊建築物に含まれない [79頁]

学校は特殊建築物。大学（写真）のほか、幼稚園なども同様。保育所も特殊建築物だが、学校ではなく児童福祉施設等に分類される

❶ 建築物に該当するもの [法2条1号]

建築物とは、ビルや住宅など土地に定着する工作物のうち、屋根があり、柱または壁（これに類する構造のものを含む）があるものをいう

▶ 観覧のための工作物

野球スタンドや競馬場など観覧のための工作物も建築物に含まれる

▶ 高架の工作物内の店舗

高架の工作物は建築物に該当しない

高架橋下の店舗は建築物に該当

工作物とは、地上や地中に人工的につくられたものを指す。高架鉄道を支える橋状構造物などの高架の工作物は建築物に該当しない。その下部の事務所、店舗などは工作物ではなく建築物とみなし、建築基準法を適用する

❷ 仮設建築物 [法85条5項]

仮設興行場、博覧会建築物、仮設店舗などに類する仮設建築物については、1年以内の条件付きで建築が可能 [※1]

▶ 仮設店舗

仮設店舗は、1年以内の期間に除去されることが明らかな場合のみ、仮設建築物として取り扱うことができる

※1　工事期間中に従前の建築物に変えて必要となる仮設店舗などの建築物については、特定行政庁が工事施工上必要と認める期間（仮設の許可および確認申請が必要）。また、国際的な会議や協議会に使用される仮設興業場などについては、特定行政庁は1年を超えて使用上必要と認める期間を定めて許可することができる
※2　小規模な倉庫（物置を含む）について、外部から荷物の出し入れを行うことができ、かつ内部に人が立ち入らないものについては、建築物には該当せず貯蔵槽に類する施設として扱い、確認申請は不要とされた（平27国住指4544号技術的助言）

❸ 3号建築物

地下1階＋地上2階の木造一部RC造戸建住宅。3号建築物に該当する

❶ 1号建築物

床面積が200㎡を超える特殊建築物の病院。1号建築物に該当する

❹ 4号建築物

構造計算書・構造図の提出が必要ないので、確認申請の費用と時間を省くことができる

延べ面積500㎡以下の木造2階建て戸建住宅。4号建築物に該当する［写真提供：リオタデザイン　写真：新澤一平］

❷ 2号建築物

延べ面積が500㎡を超える木造2階建ての高齢者福祉施設。2号建築物に該当する［写真提供：松本設計］

表　確認申請が必要な建築物

適用区域［＊1］	用途・構造	規模
全国	①特殊建築物［＊2］（1号建築物）	用途に供する床面積＞200㎡
	②木造建築物（2号建築物）	下記のいずれかに該当するもの ・階数≧3 ・延べ面積＞500㎡ ・高さ＞13m ・軒高＞9m
	③木造以外の建築物（3号建築物）	下記のいずれかに該当するもの ・階数≧2 ・延べ面積＞200㎡
都市計画区域 準都市計画区域 準景観地区 知事指定区域	4号建築物	上記①②③以外の建築物

注　防火地域・準防火地域以外で、床面積10㎡以内の増築、改築、移転の確認申請は不要
＊1　都市計画区域・準都市計画区域のうち、都道府県知事が都道府県都市計画審議会の意見を聴いて指定する区域を除く。準景観地区のうち、市町村長が指定する区域を除く。知事指定区域とは、都道府県知事が関係市町村の意見を聴いて指定する区域
＊2　法2条2号、法別表第1(い)欄、令115条の3に定める特殊建築物

図　200㎡以下の平屋は混構造でも4号建築物［※］

非木造であっても、階数が1（平屋）で延べ面積が200㎡以下の場合、4号建築物となり、確認申請時に構造計算書・構造図を添付しなくてもよい。写真の建物は木造とRC造の混構造で、平屋建ての戸建住宅［資料提供：小松隼人建築設計事務所］

延べ面積は183.82㎡（200㎡以下）だが、向かって右側の自動車車庫（44.96㎡）は床面積合計の1／5まで除外できるので、容積率の対象となる延べ面積は147.06㎡となった［令2条3項］

平面図［S＝1：500］

※　法改正（2025年4月施行予定）により、2号建築物は階数が2以上または延べ面積が200㎡を超えるものに、3号建築物は階数が1で延べ面積が200㎡以下のものになり、4号建築物は廃止される。確認の特例は3号建築物にのみ適用されるので、4号建築物であった木造2階建ての戸建住宅などは確認申請時に構造図や壁量計算書の添付が必要となる

3 住宅

図1 住宅の定義は水廻りを完備していること

住宅の明確な定義は建築基準法上ないものの、キッチン・便所・浴室が住戸内に備えられていることが最低条件と考えられるだろう。ちなみに、玄関・キッチン・便所・浴室などは原則共用で、寝室だけが各入居者用に用意されている建築物は建築基準法上の寄宿舎に該当する[資料提供：リオタデザイン 写真：新澤一平]

キッチン・便所・浴室が完備

▶浴室

戸建住宅の浴室。非居室に該当するので、居室にかかる規制[132・142頁]は対象外

テラス・中庭は建築面積に算入しない[35頁]

平面図[S=1：300]

10,010

11,830

食品庫・納戸・LDK・間の畳・洗面所・廊下B・浴室・テラス・中庭・和室・主寝室・クローゼット・玄関・倉庫・廊下A・押入・駐車場

▶LDK

戸建住宅のLDK。居室に該当するので、平均天井高を2.1mとする必要があるほか、有効採光面積を床面積の1／7以上とする必要がある[134頁]。最上階でない火気使用室に該当する(ガスコンロを採用する場合)と、内装制限の対象にもなる[99・101頁]

▶玄関

戸建住宅では玄関は専用。玄関と廊下は非居室に該当するので、居室にかかる規制[132 142頁]の対象外

図2 2世帯住宅には2つのタイプがある

2世帯住宅は原則として戸建住宅扱いだが、2住戸間を建物内で相互に行き来ができない場合は長屋に分類される。長屋には界壁(準耐火構造)が必要となるほか、各地方公共団体の建築基準条例で敷地内通路(条例により幅員が異なる)が必要となる。2住戸間を共用階段や共用廊下で行き来する場合は共同住宅扱いとなる

◀親世帯(右)と子世帯(左)はほぼ分けられているが、完全に分けると長屋扱いになってしまうので、住宅内部で相互に行き来できるようにした事例[資料提供 相坂研介設計アトリエ]

18,020

6,915

地下1階平面図[S=1：450]

ガレージ・地下ホール・親玄関・親寝室

①戸建住宅に該当する2世帯住宅

寝室・玄関・玄関・寝室・DK・DK

水廻りを介して世帯間を行き来できるので戸建住宅に該当する。玄関から道路に至るまでの経路についての規定も存在しない[⁜]

②長屋に該当する2世帯住宅

界壁
玄関・DK・DK・玄関・寝室・寝室

世帯間が完全に分離しているので長屋に該当する。世帯(住戸)間の壁を準耐火構造の界壁(木下地＋両面石膏ボード2枚張りなど)とする必要がある[法30条・令114条]ほか、玄関が道路に直接面していない場合は、各地方公共団体の建築基準条例にもとづいて、一定以上の幅員をもつ敷地内通路を設ける必要がある

⁜ ただし、階数≧3、延べ面積＞1000㎡、採光上の無窓または排煙上の無窓の居室を有するもののいずれかに該当する場合は敷地内通路が必要[令128条]

4 共同住宅と長屋

図1 共用部分を有する共同住宅

階段や廊下など共用部分を有する集合住宅を共同住宅という。特殊建築物として扱われ、3階以上の建物については原則として耐火建築物とする必要がある。ただし3階建ての場合は緩和される[79頁・83頁]

▶ 共同住宅の例

共用の開放廊下

共用の屋外階段

廊下・階段など共用部分を有する共同住宅。長屋よりも避難規定などの法的な規制が厳しくなる

共同住宅(平面：■は共用部分)

A〜Fは専有部分(各住戸)にあたる

図2 共用部分をもたない長屋

❷ 重層長屋の例

2階専用の独立階段

RC造2階建ての重層長屋。2階の住宅には専用の屋内階段を通じてアクセスする

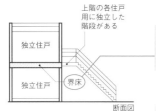

上階の各住戸用に独立した階段がある

独立住戸

独立住戸　界床

断面図

界床：重層長屋の建物の床にあたる。建築基準法では「界壁」の規定はあるが住戸間の「界床」の規定は定められていない

垂直方向に重ね建てした形式の長屋。上階へアクセスする各住戸専用の階段は屋内・屋外どちらにも設置できる

❶ 長屋(棟割)の例

各戸内に専用階段を内包するため共同住宅に該当しない[写真提供　小林真人建築アトリエ]

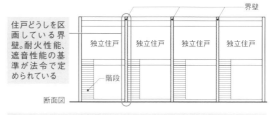

界壁

住戸どうしを区画している界壁。耐火性能、遮音性能の基準が法令で定められている

独立住戸　独立住戸　独立住戸　独立住戸

階段

断面図

階段や廊下などの共用部分をもたず、各住戸に地上から直接出入りできるものを長屋という。共同住宅とは異なり特殊建築物には該当しない

5 増築

❶ 確認申請が必要な増築

Before

10㎡以上の増築を行う場合は確認申請が必要

準防火地域に建つ木造2階建て住宅（4号建築物）

増築面積が10㎡を超える場合、防火規制の有無に関わらず確認申請を行う

After

1階の屋根上に主寝室（床面積は約24㎡）を増築した

道路斜線に適合

増築を行う場合、建蔽率や容積率、道路斜線や北側斜線の制限に、既存部分を含めて適合させる必要がある［写真提供：イン・ハウス建築計画］

増築とは、敷地内の既存建築物の延べ面積を増加させること。既存建築物に直接接して増築する同一棟増築と、棟を分けて増築する別棟増築がある。同一棟増築では、原則として接している既存部分までを含めて現行法規が遡及適用される［※1］が、別棟増築では増築部分のみ、現行法規が適用され、既存部分は建蔽率・容積率・高さ制限などの集団規定の遡及適用にとどまる

図 確認申請が必要な増築と既存不適格調書

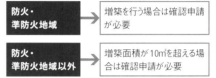

| 防火・準防火地域 | → | 増築を行う場合は確認申請が必要 |
| 防火・準防火地域以外 | → | 増築面積が10㎡を超える場合は確認申請が必要 |

既存不適格調書とは何か
既存部分が現行法規に不適格となる部分がある場合に提出する書類

①現況の調査書
②既存建築物の平面図・配置図
③新築・増築などの時期を示す書類（検査済証、確認済証など）
④基準時以前の建築基準関係規定への適合を確かめるための書類など（4号建築物は①が兼ねる）

で構成される

❷ 確認申請が不要な増築

Before

敷地面積は243.35㎡。もともとの建築面積は77.42㎡、建蔽率は31.8%、延べ面積は146.77㎡、容積率は60.3%。指定容積率は200%、指定建蔽率は70%なので、10㎡近い増築を行っても支障はない

After

増築面積は9.73㎡。改修に伴い外部・内部のデザインを一新している。増築部分は、壁面収納およびキッチンや浴室などの水廻りに利用［※2］

防火・準防火指定のない地域にある建物で増築を行う場合は、床面積の増加が10㎡以下であれば確認申請は必要ない。下事例の建物（築33年の木造2階建て戸建住宅）では増築に合わせて減築もしているが、減築の規模にかかわらず増築部分が10㎡以上となれば確認申請が必要となる［資料提供：DABURA　写真：イクマサトシ　TechniStaff］

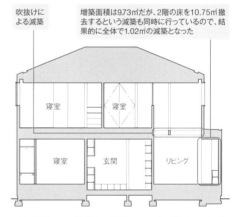

吹抜けによる減築

増築面積は9.73㎡だが、2階の床を10.75㎡撤去するという減築も同時に行っているので、結果的に全体で1.02㎡の減築となった

寝室　寝室

寝室　玄関　リビング

法定容積率200%（改修後の容積率は59.8%）、建蔽率70%（改修後の容積率は37.2%）を下回るように増築を行っている

断面図

---

6 用途変更　　　　　　　　　　　　　　　　　　　　　　　　　　　　　　　　[法87条]

図1　確認申請が必要な用途変更と不必要な用途変更

▶ 改修前

企業の独身寮（築48年、RCラーメン構造）を1棟丸ごとリノベーションした事例。シェアハウス、オフィス、店舗といった機能を有するシェア型複合施設に再生［写真提供：リビタ］

▶ 独身寮

企業の独身寮。建築基準法上での扱いは寄宿舎

用途変更における確認申請の要不要
建物の用途を変更して、床面積が200㎡を超える特殊建築物とする場合には、確認申請が必要となる。ただし、診療所から老人ホームへの用途変更など、令137条の18で定める「類似の用途」の相互間における変更については確認申請は不要である

用途変更では構造規定は適用されない
用途変更では法87条3項に定める規定以外の規定（例えば法20条の構造耐力の規定）は遡及適用されない。このため用途変更の確認申請では構造図や構造計算書の添付は不要。ただし倉庫への用途変更など積載荷重が過大になる場合は耐力上支障がないかレポートの提出を求められることがある

▶ 改修後

3階から6階はシェアハウス
2階はシェアオフィス・スモールオフィス
1階は店舗

▶ シェアハウス

独身寮もシェアハウスも建築基準法上、寄宿舎となる。そのため用途変更には該当せず、改修時の確認申請は不要

▶ スモールオフィス

オフィスは建築基準法上では事務所とみなされる。特殊建築物には該当しないため、改修時の確認申請は不要

▶ 物販店、飲食店［※］

物販店舗や飲食店は特殊建築物に該当する。変更後の床面積が200㎡を超える場合は、改修時の確認申請が必要

※　美容室などのサービス業を営む店舗は、特殊建築物ではないので床面積が200㎡を超えても用途変更時の確認申請は不要

7 新しい用途

建築物にはさまざまな運用形態があり、最近では建築基準法で明確に定められていない用途の建築物も多く計画されている。利用形態に見合う建築物の用途を見極めて、それぞれの建物に求められる基準を満たすように計画を練る必要がある

❶ シェアハウス（寄宿舎）

シェアハウス（浴室・トイレ・キッチンなどを複数世帯で共用する単身者向け集合住宅）については2013年9月、技術的助言（国住指第4877号）において、その用途は寄宿舎に該当するとされた［資料提供　リビタ］［11頁］

▶ 寄宿舎の典型的な例

「寝室と避難経路を区画する壁」と「寝室などの相互の壁で、3室以下かつ100㎡以下に区画する壁」は防火上主要な間仕切壁［98頁］に該当し、準耐火構造とする必要がある［令114条2項］

一部の部屋を除いて個室のなかにはトイレがない（個室内に3点ユニットバス［トイレ付きユニットバス］がある寄宿舎もある）

寄宿舎の寝室の有効採光率は1／7以上、食堂は1／10以上とする必要がある［令19条］

❷ 認定こども園（幼稚園・保育所）

「就学前の子どもに関する教育、保育等の総合的な提供の推進に関する法律」（2006年施行）にもとづく施設。写真の建物は幼保連携型で、幼稚園、保育所（児童福祉施設）としての基準を満たす必要がある［写真提供　環境デザイン研究所］

表　認定こども園の概要

a：認定基準を満たすために必要な2つの機能

就学前の子どもに幼児教育・保育を提供する機能
地域における子育て支援を行う機能

b：4タイプの認定こども園

幼保連携型	認可幼稚園と認可保育所が連携して一体的な運営を行うことにより、認定こども園としての機能を果たす
幼稚園型	認可幼稚園が保育時間を確保するなど、保育所的な機能を備えることで、認定こども園としての機能を果たす
保育所型	認可保育所が幼稚園的な機能（学校）を備えることで、認定こども園としての機能を果たす
地方裁量型	幼稚園・保育所いずれの認可もない地域の教育・保育施設が、認定こども園として機能を果たす

❸ 宿泊型自立訓練施設

一定期間居住の場を提供し、自立生活に必要な能力を高めていく施設。障害者自立支援法に基づき障害福祉サービス事業を行うものは、児童福祉施設等に該当する［資料提供　DABURA］

▶ 宿泊型自立訓練施設の例

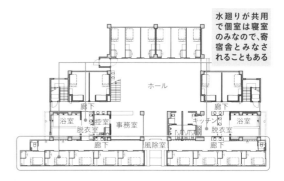

水廻りが共用で個室は寝室のみなので、寄宿舎とみなされることもある

ホール

廊下　廊下
浴室　控室　事務室　キッチン　浴室
脱衣室　脱衣室
廊下　風除室　廊下

1階平面図

寄宿舎や児童福祉施設等では防火上主要な間仕切壁を準耐火構造とし、小屋裏・天井裏まで達することが必要［98頁］

用途地域

1 住居系地域・商業系地域・工業系地域 [※1]

[都市計画法8条]

▶ 第1種低層住居専用地域

診療所兼住宅
は建築可能

絶対高さ制限[56頁・
法55条]がかかるた
め、建築物の高さは
10m以下に抑えな
ければならない

❶ 住居系地域

第1種・第2種低層住居専用地域、第1種・第2種中高層住居専用地域、第1種・第2種住居地域、準住居地域、田園住居地域の8地域がある。第1種・第2種低層住居専用地域は、建築可能な用途の制限および高さ制限が最も厳しい。住居系用途地域における第1種・第2種の区別について、第2種は、平成5年の改正における用途地域の細分化の際に、すでに店舗や事務所等が多かった地域、あるいは大きな道路沿いなど、住環境を保護しながらも店舗や事務所を許容すべき地域に指定されていることが多い。準住居地域は、幹線道路沿いで自動車関連施設と調和した住居環境の保護を目的とした地域。田園住居地域は、住宅と農地が共存し、農業利用と調和した低層住宅の良好な住環境を保護するために平成30年に創設された地域

▶ 商業地域

床面積 > 10,000㎡の
特定大規模建築物 [※2]

ゴルフ練習場　ボーリング場

❷ 商業系地域

商業地域、近隣商業地域の2地域がある。商業地域は指定建蔽率や指定容積率が大きいほか、建築可能な用途の制限も少なく、大規模な商業施設や事務所などが建ち並ぶ。近隣商業地域では建築できない個室付浴場に係る公衆浴場・ヌードスタジオ・ポルノショップ・ラブホテルなどが建築可能。防火地域に指定されていることが多く、ほとんどの建築物が耐火建築物となっている

▶ 準工業地域

共同住宅

準工業地域では、主に環境に悪
影響のない工場等が建築可能

❸ 工業系地域

工業専用地域、工業地域、準工業地域の3地域がある。大規模なコンビナートが建築可能な工業専用地域では、住宅の建築が認められていない。工業地域や準工業地域では住宅の建築が可能で、特に準工業地域は、病院や学校などの公益施設も建築可能なため、都心部では住宅地としての開発が進んでいるケースも多い（戸建住宅・長屋・共同住宅は工業専用地域を除くすべての用途地域内で建築可能）

※1　用途地域の指定のない区域（白地地域という）もある
※2　劇場、店舗、飲食店その他これらに類する用途に供する大規模な建築物［都市計画法12条の5第4項］

❹ 第2種中高層住居専用地域

中高層住宅の専用地域。店舗は2階建て以下、かつ1,500㎡以下なら建築可能。ただし、交通の集中が生じるようなものは禁止（ゴルフ練習場など）

❺ 第1種住居地域

住居環境を保護しながら、オフィスビルや商業施設の建築が認められる地域。3,000㎡以下のホテル、ボーリング場、ゴルフ練習場なども建築可能

❻ 第2種住居地域

住居と店舗、事務所などの併存を図りつつ、住居の環境を保護する地域。パチンコ屋、カラオケボックスなどが建築可能

❶ 第1種低層住居専用地域

1～3階建ての戸建住宅、共同住宅や寄宿舎が中心に建つ地域。店舗［※1］は兼用住宅のみ、その他小・中学校や高校など［※2］が建築可能

❷ 第2種低層住居専用地域

低層住宅の専用地域。コンビニエンスストアなどの小規模な日用品販売店、飲食店なども建築可能であり、すべて2階建て以下、かつ床面積150㎡以下とする［※2］

❸ 第1種中高層住居専用地域

4階建て以上のマンションが建てられる中高層住宅の専用地域。店舗も2階建て以下かつ床面積500㎡以下の、スーパーや物販飲食店などが建築可能

※1　コンビニや調剤薬局などの日用品販売店舗について、第1種低層住居専用地域内でも建築できるよう、また第2種低層住居専用地域内では床面積の制限を超えて建築できるよう、法48条の許可基準などが定められている（令元国住指　654号　技術的助言）
※2　学校については、絶対高さ制限がかからない。ただし、特定行政庁の許可が必要［69頁］

⑪ 準工業地域

住宅などの混在を排除することが困難または不適当と認められる工業地。キャバレー、ナイトクラブ、クラブなども建築可能

⑫ 工業地域

工業の利便の増進を図る地域。住宅の建築は認められるものの、学校は建築できない

⑬ 工業専用地域

住宅などの混在を排除・防止し、工業に特化した土地利用を図る地域。コンビナートのような大規模な工場が集結する

⑦ 準住居地域

幹線道路の沿道など、自動車関連施設と住宅などが調和して立地する地域。150㎡以下の自動車修理工場（原動機あり）が建築可能

⑧ 田園住居地域

第2種低層住居専用地域と同等の用途制限を受けるほか、2階建てかつ500㎡以下の農家レストラン、農産物販売店舗などが建築可能

⑨ 近隣商業地域

商店街、鉄道駅周辺や郊外の小規模な商業地など、近隣住民に対する日用品の販売を中心とする店舗などの立地を図る地域

⑩ 商業地域

都心・副都心の商業地、中小都市の中心商業地。店舗や事務所などに対する利便の増進を図る。大規模な映画館や風俗店などが建築可能。建蔽率は80％に指定されている [※1]

※1 商業地域以外の用途地域の建蔽率は法で示された数値から選択して都市計画で定められる
※2 保育所は学校ではなく児童福祉施設に該当するため、工業地域に建築可能

3 都市計画に定められる地区

❹ 都市再生特別地区

都市再生特別地区では、用途地域および特別用途地区による適用除外や容積率制限、斜線制限、高度地区による高さの限度や日影規制などの適用が除外される

都市再生緊急整備地域のうち、都市の再生に貢献し、土地の合理的かつ健全な高度利用を図る特別の用途・容積・高さ・配列などの建築物の建築を誘導する必要のある地区のこと［法60条の2・都市再生特別措置法36条］

❺ 景観地区

高さの規制などがかかる

市街地の良好な景観の形成を図るための地区。建築物の形態意匠の制限のほか、高さの最低・最高限度、壁面位置の制限、敷地面積の最低限度などが定められる［都市計画法8条、景観法61条、法68条］

❻ 緑化地域

良好な都市環境の形成に必要な緑地が不足し、建築物の敷地内において緑化を推進する必要がある区域。敷地面積に対する緑地面積（緑化率）を一定割合以上とすることが義務付けられ、建築物の新築・増築時に確認検査時の審査・検査の対象となる［※］［都市計画法8条・都市緑地法34条］

※ 都市緑地法は確認検査の対象となる建築基準関係規定（都市緑地法41条）。現在緑化地域は、東京都世田谷区、横浜市、名古屋市、愛知県豊田市で指定されている。

❶ 市街化区域／市街化調整区域

市街化区域

市街化調整区域で建築を行うには、都道府県知事による開発許可等が必要［都計法29条・43条］

市街化区域は、すでに市街地を形成している区域およびおおむね10年以内に優先的かつ計画的に市街化を図るべき区域、市街化調整区域は市街化を抑制するために設けられた区域［都市計画法7条］

❷ 特定街区

容積率の割増を受けた建築物。有効な空地の規模などに応じて容積率を割増することができる

保存の対象となる建築物

街区を単位として、有効な空地を備えた市街地の整備改善を促すために、建築物の高さや容積率を特別に定めている地区［都市計画法9条20項・法60条］

❸ 風致地区

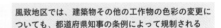

風致地区では、建築物その他の工作物の色彩の変更についても、都道府県知事の条例によって規制される

都市内の庭園や自然の風致（趣やあじわい）を維持するために、都市計画で定められた地区のこと。建築物の規模などが規制される［都市計画法9条22項］

016

Column 戸建住宅から共同住宅への用途変更

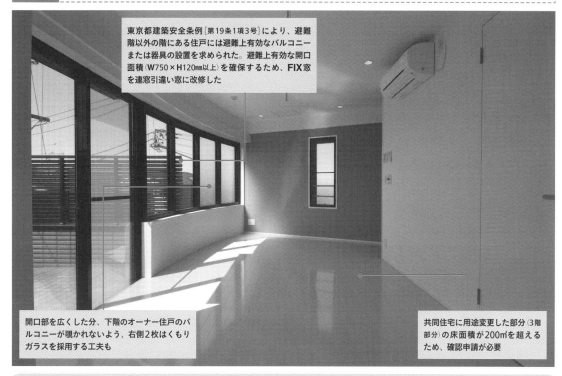

東京都建築安全条例［第19条1項3号］により、避難階以外の階にある住戸には避難上有効なバルコニーまたは器具の設置を求められた。避難上有効な開口面積（W750×H120㎜以上）を確保するため、**FIX窓**を連窓引違い窓に改修した

開口部を広くした分、下階のオーナー住戸のバルコニーが覗かれないよう、右側2枚はくもりガラスを採用する工夫も

共同住宅に用途変更した部分（3階部分）の床面積が200㎡を超えるため、確認申請が必要

家族構成の変化などに伴い、床面積を持て余している戸建住宅を改修し、集合住宅などの収益物件に変更したいという要望は多い。ここでは3階建ての戸建て住宅（延べ面積634.37㎡）を改修し、1〜2階はオーナー住戸、3階を賃貸とする共同住宅に。実際に手を加えたのは3階のみ。

3階部分が共同住宅になるので、耐火建築物とする必要がある

屋上

UB　玄関　共用廊下

オーナー住戸2F　キッチン

廊下　浴室　洗面室　屋外階段

オーナー住戸1F　キッチン

廊下　食品庫

共用出入口

ドライエリア

▼RFL　550
▼3FL　2,830
▼2FL　2,950
▼1FL　3,150
250

1〜2階は2世帯住宅。独立した玄関があるため、長屋として認められた

改修後断面図［S＝1：200］

チェックポイント

□ ［法87条］建物の用途を変更して、床面積が200㎡を超える特殊建築物とする場合には、確認申請が必要となる。戸建住宅は一般建築物、集合住宅は建築基準法上では共同住宅という特殊建築物。共同住宅となる3階部分の床面積が200㎡を超えるため、確認申請が必要。［※］

□ 耐火建築物にする必要性を検討。
3階以上が共同住宅の場合は原則として耐火建築物にしなければならないが、地上3階建て、延べ面積＜200㎡、自動火災報知設備の設置の3条件をすべて満たすものには適用されない。また防火地域以外で、地上3階建てかつ延べ床面積≧200㎡のものは、一定の要件［83頁］を満たせば1時間準耐火構造とできる

□ 直通階段の基準（2以上の直通階段の要否・階段幅・蹴上げ・踏面・歩行距離）

□ 共用廊下の基準（階の住戸床面積合計が100㎡を超える場合、片側居室の場合は幅員1.2m以上、両側居室の場合は1.6m以上必要）

□ 各住戸の採光・換気・排煙上有効な面積（有効採光面積は床面積の1/7以上、有効換気面積は同1/20以上、有効排煙面積は同1/50以上［200㎡以下に防火区画すれば住戸部分は排煙免除]）

□ 各住戸の区画（界壁で区画する必要がある）

□ このほか、各地域の建築基準条例で定められる接道要件や避難経路についての制限も必ず確認する

※　診療所から老人ホームへの用途変更など、令137条の18で定める「類似の用途」の相互間における変更については確認申請は不要である

共同住宅への変更プロセスを徹底解剖！

1｜直通階段

耐火構造の共同住宅は、その階の居室床面積の合計が200㎡以下であれば、直通階段は1つでよい[令121条1項5号・同条2項]。既存の屋外階段を、避難経路となる直通階段として利用した（階段の幅は90cm以上[令23条]）

2｜共用廊下

既存の廊下を避難経路としての廊下に変更した。共同住宅の住戸部分の床面積の合計が100㎡を超えるため、廊下の幅員を確保しなければならない

既存のトップライトにより採光は十分にとれているが、開放廊下[49頁]（外気に直接開放された廊下）でないため非常用照明の設置が必要[121頁]

廊下の手前（写真奥）は両側に居室があるため、幅員1.6m以上を確保。廊下の奥側は居室が片側のみなので、幅員を1.2mとして居室を広くすることを優先した

有効換気面積が1.0㎡と、最も厳しい304号室は、専有面積24.73㎡のうち居室部分を17㎡（20㎡以下）としてクリアした

共同住宅の住戸では、200㎡ごとに防火区画すれば住戸部分の排煙設備は設けなくてよい。本件は（3階以上に共同住宅の用途があるため）耐火建築物とする必要があり、玄関扉を防火設備、界壁を耐火構造として防火区画を行い、排煙設備の要件を緩和した。[令126条の2第1項1号][※]

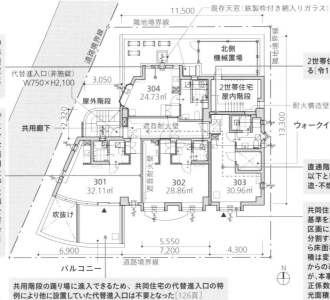

既存天窓（鉄製枠付き網入りガラス）

11,500
隣地境界線
道路境界線
隣地境界線

代替進入口（非施錠）
W750×H2,100
3,050

屋外階段
共用廊下
2,320

北側機械置場

304
24.73㎡

遮音耐火壁

2世帯住宅
屋内階段

13,300

301
32.11㎡

302
28.86㎡

303
30.96㎡

遮音耐火壁

吹抜け

バルコニー

6,900　7,200　4,300
5,550
道路境界線

改修後3階
平面図[S=1：300]

共用階段の踊り場に進入できるため、共同住宅の代替進入口の特例により他に設置していた代替進入口は不要となった[126頁]

2世帯住宅と共同住宅間の壁は準耐火構造以上とする[令114条1項]

耐火構造壁
ウォークインクロゼット

直通階段から最も遠い居室の隅までの距離は50m以下としなければならない（主要構造部が準耐火構造・不燃材料の場合）[令120条]

共同住宅の居室開口部は排煙基準、換気基準、採光基準を満たす必要がある。排煙基準は各居室の防火区画により設置を免除。換気・採光基準は各住戸を分割する際に、採光・換気有効面積を算定し、そこから床面積を逆算して住戸の区画位置を決定。開口面積は変更せずに各基準をクリアした。通常戸建住宅からの改修でクリアするのが難しいのは採光基準だが、本事例では各窓は道路面に面していたため、採光補正係数を算出する際の水平距離が長くなり、有効採光面積を大きくすることができた[136頁]

3｜界壁

各住戸間は乾式の遮音耐火壁で区画。界壁は防火性能と遮音性能を満たし、小屋裏まで達するように設置しなければならない[令114条1項]。ただし天井を強化天井とするか、自動スプリンクラー設備を設置したもの、かつ告示で定める遮音性能を満たす天井材を張れば、小屋裏まで達する必要がない

ウォークインクロゼット
直通階段

寝室
廊下
子供室
子供室
リビング・ダイニング

改修前3階
平面図[S=1：400]

※　廊下の排煙設備は排煙告示[平12建告1436号4号2（1）]を適用し不要とした
解説：中西ヒロツグ／イン・ハウス建築計画

Column 制限が緩和される範囲で既存不適格建築物の増改築を行う

既存部分と増築部分を合わせた建物のボリュームは、指定建蔽率60%以下、指定容積率200%以下に抑えている

既存部分の外壁・基礎と取り合う、増築部分の床・壁・天井の部分はエキスパンションジョイントにし、下屋と干渉する部分はキャンチレバーで持ち出しとするなど、構造上の一体化を避けている

既存建物（既存不適格建築物［※1]）

本件は1981年より前に建てられた既存不適格建築物。増改築をする場合、原則として現行法に適合させる必要があるが、法86条の7で定める範囲は制限が緩和される。このうち構造については増築部分と既存部分を構造上一体化せずに、エキスパンションジョイントで接合。既存部分を含めた建築物全体についての構造計算を避けた合理的な計画とした。

チェックポイント

- □ 既存不適格建築物の増改築を構造上一体で行う場合、建築物全体について構造計算を行う必要がある。しかし、構造を分離して増改築する場合、増改築部分のみ構造計算を行えばよい［下図]。
- □ 既存建築物の増改築を行う場合、建物の基準およびその状況に関する事項を記載した「既存不適格調書」を確認申請時に添付する
- □ 既存不適格調書とは既存部分が現行法規に不適格となる部分がある場合に提出する書類①現況の調査書、②既存建築物の平面図・配置図、③新築・増築などの時期を示す書類（検査済証、確認済証等）、④基準時以前の建築基準関係規定への適合を確かめるための書類など（4号建築物は①が兼ねる）で構成される
- □ 既存建物の検査済証がない場合の増改築や用途変更については、建築主が建築士や調査機関に基準法への適合状況調査を依頼し、その調査報告書を既存不適格調書の添付資料として活用することが可能。

図　既存不適格建築物の増築に関する構造計算［令137条の2]

※1　建設後に建築基準法などの改正が行われ、現行の基準に適合しなくなってしまった建築物
※2　耐久性関係規定のほか、建築設備（高架水槽、配管設備、昇降機）の安全性確認、屋根葺き材等の脱落防止、特定天井がある場合はその検討が必要
※3　1981年（昭和56年）6月1日以降に建築したもの（または当時の耐震関係規定に適合しているもの）
解説：池浦順一郎／DABURA

本敷地は住居系地域の方向に向かって低くなる傾斜地でもある。地階[54頁]を利用し、より建物の階層を増やすことに成功

大開口は一般的に日当たりのよい南向きが人気だが、北向きは順光になるので景色を楽しむのに向いている。将来的に北側の建物の建て替えが行われても、用途地域が変更されない限り、眺望を維持することが可能

本建物は近隣商業地域に位置し、すぐ北側を境に第1種中高層住居専用地域へ用途地域が変わる場所に建てられた戸建住宅。高さ制限は用途地域ごとに定められており[56頁]、商業系地域のほうが、住居系地域よりも高さに関する制約は緩い。したがって、本敷地では、周囲の建物に比べて高い建物を建てられる。

第1種中高層住居専用地域

北側に向かって傾斜している敷地

2方向で道路に面する角地で、角度が120°以内(この敷地は115°)の条件を満たすので、建蔽率を10%増やし、90%とすることができた[法53条3項]

近隣商業地域

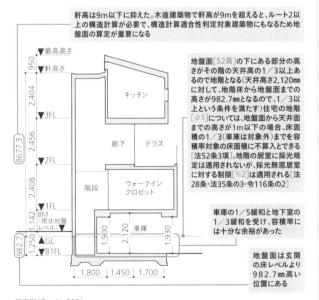

軒高は9m以下に抑えた。木造建築物で軒高が9mを超えると、ルート2以上の構造計算が必要で、構造計算適合性判定対象建築物にもなるため地盤面の算定が重要になる

地盤面[52頁]の下にある部分の高さがその階の天井高の1/3以上あるので地階となる(天井高さ2,120mmに対して、地階床面から地盤面までの高さが982.7mmとなるので、1/3以上という条件を満たす)住宅の地階[※1]については、地盤面から天井面までの高さが1m以下の場合、床面積の1/3(車庫は対象外)までを容積率対象の床面積に不算入とできる[法52条3項]。地階の居室に採光規定は適用されないが、採光無窓居室に対する制限[※2]は適用される[法28条・法35条の3・令116条の2]

車庫の1/5緩和と地下室の1/3緩和を受け、容積率には十分な余裕があった

地盤面は玄関の床レベルより982.7mm高い位置にある

▼最高高さ / 950
▼軒高さ / 2,404
▼3FL / 2,456
▼2FL / 2,408
▼1FL / 1,142
BM(現状地盤レベル) / 1,250
▼GL / 982.7
▼B1FL

8677.3

キッチン
廊下　テラス
階段　ウォークインクローゼット
車庫

1,900　2,120　1,930
1,800　1,450　1,700

断面図[S＝1：200]

チェックポイント

☐ 用途地域は、住居系・商業系・工業系の3つに分けられ、それぞれの地域において建築可能な用途や規模が定められている[法48条]

第1種中高層住居専用地域…中高層(4階建て以上)の共同住宅などが建てられる地域。本事例の敷地周辺は、建蔽率60%・容積率200%、前面道路の幅員による道路斜線などにより3階建て以下の建物が多い

近隣商業地域…大規模な商業地周辺にある小規模な商業地。住居系地域に比べて形態制限が緩く、4階以上の建物が建てやすい本敷地は、建蔽率80%・容積率300%。傾斜敷地を利用し、地階を使って4層とした

☐ 角地指定による建蔽率の緩和条件[法53条3項2号]を知る

建蔽率は用途地域ごとに都市計画法で定められ、近隣商業地域は60%または80%のいずれかとなる。建蔽率は「角地」(特定行政庁の角地指定基準に適合するもの。角敷地または角敷地に準ずる敷地で、特定行政庁が指定するものの内にある建築物)では、10%加算できる

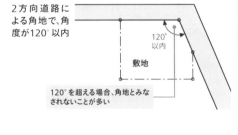

2方向道路による角地で、角度が120°以内

120°以内

敷地

120°を超える場合、角地とみなされないことが多い

※1　戸建住宅・共同住宅・長屋・老人ホーム等の地階
※2　防火規制[法35条の3]、廊下の幅[令119条]、直通階段の設置[令120条]、非常用照明[令126条の4]、敷地内通路[令128条]など
解説：木下昌大／KINO architects

Part 2

道路・敷地

道路

1 道路の種類　　　　　　　　　　　　　　　　　　　　　[法42条]

建築基準法では原則として、幅員4m以上のものを「道路」という

表　建築基準法上の主な道路

種類	内容	道路幅員[W]
1項1号道路	国道、県道、市道などの公道	W≧4m(6m)
1項2号道路	開発許可などにより築造された道路	[*]
1項3号道路	都市計画区域が指定される以前から存在した幅員4m以上の道路	
1項4号道路 (都市計画道路)	2年以内に事業執行が予定され特定行政庁が指定した道路	
1項5号道路	道路位置指定による道路	
2項道路	都市計画区域が指定される以前から存在した4m未満の道で特定行政庁が指定したもの	W<4m(6m) [*]
3項道路	土地の状況により4m未満で指定された道	2.7m≦W <4m(6m)[*]
4項道路	幅員6m未満の道で、特定行政庁が認めて指定したもの	W<6m

＊ （ ）内は指定地域内の場合

❹ 4号道路

都市計画道路などの事業計画のある道路のうち、2年以内に事業執行が予定されるものとして、特定行政庁が指定した道路。事業執行予定道路ともいう[※]

法42条1項4号道路

❺ 5号道路

令144条の4で定める基準に適合した道で、道路の築造者が特定行政庁からその位置の指定を受けたもの。位置指定道路ともいう。通り抜け道路や行止まり道路などの種類がある

法42条1項5号道路

幅員6m未満、延長35m以下とした
位置指定道路。住宅地によく見られる。
角部分には隅切りが必要[27頁]

❶ 1号道路

国道、県道、市道などの道路法上の道路。公道ともいう。道路の維持管理は公共団体が行う

法42条1項1号道路

建築物を建てる場合に
最も安定性の高い道路

❷ 2号道路

都市計画法、土地区画整理法などによる許認可を受けて築造した道路。市街地などで、開発行為で造成されることが多い

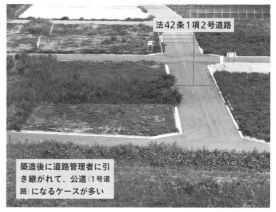

法42条1項2号道路

築造後に道路管理者に引
き継がれて、公道(1号道
路)になるケースが多い

❸ 3号道路

建築基準法の施行および都市計画区域または準都市計画区域に指定される以前から一般の用途に供され、存在した道路

法42条1項3号道路

形態などについて特段の規定が
ないため、側溝や舗装が整備さ
れていないケースも少なくない

※ 道路としての形態が未だ整っていない工事前や工事中の段階でも、接道義務を満たす道路として扱われる　なお、道路事業の施行により敷地面積が減少し基準法に適合しなくなる建築物は、既存不適格建築物扱いとなる[法86条の9]

❻ 2項道路

都市計画区域に指定される前から存在した幅員4m未満（道路幅員6m区域では6m未満）の道路で、特定行政庁が指定したもの。みなし道路とも呼ばれている

セットバックした部分[＊2]

2m

法42条2項道路
（幅員が4m未満）

道路中心線[＊1]

みなし境界線

＊1　道路中心線からの水平距離2mの線が道路の境界線とみなされる
＊2　セットバック部分は、敷地面積には算入しない。また、セットバックした部分には、法適用前から存在するもの以外は、門・塀・擁壁（準用工作物）も建築できない「法44条」

❼ 3項道路

土地の状況により幅員4m未満で指定された道。最近では、路地の街並み保存のために活用されることもある[写真提供：平野正利]

基本的には、傾斜地で幅員を確保できない市街地や、市街化の整っていない漁村などのための緩和措置

法42条3項道路

❽ 緊急輸送道路

災害直後に発生する緊急輸送を円滑に行うための、高速道路、国道およびこれらを連絡する幹線道路。また、これらの道路と知事が指定する防災拠点を相互に連絡する道路

特定緊急輸送道路[※]

緊急輸送道路沿いの建築物に対して自治体では耐震診断の義務化や耐震改修の補助事業などを行っている

※　東京都内の緊急輸送道路のうち、特に沿道建築物の耐震化を図る必要があるものとして都が指定した道路

セットバックした部分と、将来の建替え時にセットバックする部分の境目

図　2項道路に面した建物の例

隣地境界線

5,355

セットバックした部分は建築不可なので、利用できる敷地部分は狭くなる

4,375

道路境界線

セットバックした部分

2,000

4,000

現況道路

道路中心線

2,000

609　1,390　870　895　609
3,155

N

配置図[S＝1：150]

2項道路に面した地下1階＋地上3階の戸建住宅。天空率[74頁]の利用により道路斜線制限を受けなかったので、建物をより高くできた[資料提供：納谷建築設計事務所]

❾ 都市計画道路

将来道路として整備することが都市計画で定められた道路のことで「計画道路」とも呼ばれる[都市計画法11条]。計画道路内での建築には原則として都道府県知事の許可が必要となる[都市計画法53条・同施行令37条]

Before

都市計画道路内にある建築物[＊]

都市計画道路

After

建物を取り壊して道路幅員を拡張

＊　都市計画道路の範囲では、階数が2階以下、かつ地階を有していないこと、主要構造部が木造・S造・コンクリートブロック造などで、容易に移転や除去ができることと認められるものであれば建築が可能[都市計画法54条]。ただし、地方公共団体によっては道路の事業予定などを考慮して、3階建てが認められる場合もある

Column	都市計画道路を想定して設けた木造のアトリウム

S造4階建て（地下1階＋地上4階）のオフィスビル。ファサードは"アトリウム"と呼ばれる4層吹抜けの空間となっており、木の集成材（法規上、ガラスカーテンウォールの支持部材として解釈）を用いたフレームで構成している。アトリウム部分は、将来的に、都市計画道路の拡張部分に該当する可能性もあるので、工事費の抑制だけではなく、撤去のしやすさも考慮して、フレームに木を採用[資料提供：日建設計]

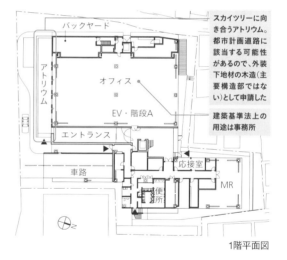

スカイツリーに向き合うアトリウム。都市計画道路に該当する可能性があるので、外装下地材の木造（主要構造部ではない）として申請した

建築基準法上の用途は事務所

バックヤード

アトリウム

オフィス

EV・階段A

エントランス

車路

応接室

便所

MR

1階平面図

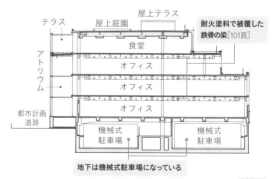

耐火塗料で被覆した鉄骨の梁[101頁]

テラス　屋上庭園　屋上テラス

アトリウム

食堂

オフィス

オフィス

オフィス

都市計画道路

機械式駐車場

機械式駐車場

地下は機械式駐車場になっている

断面図

2 道路幅員

写真2 道路端部の扱い

❶ 縁石

一般的に縁石は道路幅員に含まれる

❷ L型側溝

一般的にL型側溝は道路幅員に含まれる

❸ U字側溝

一般的に側溝は道路幅員に含まれるが、蓋無しのU字側溝は含まない

写真1 道路幅員の測り方

❶ 歩道がある場合

車道の幅員と歩道の幅員を合わせて道路幅員とする

❷ 法敷が路面より低い場合［※］

法敷の部分は道路幅員には含まない

❸ 法敷が路面より高い場合［※］

法敷の部分は道路幅員には含まない

※　法敷は道路敷として道路区域に含まれることもある　道路幅員は必ず特定行政庁に確認しよう

3 接道条件：敷地は必ず道路に2m以上接道しなければならない　[法43条]

図1 「2m以上の接道条件」を判断する基準

❶ 接道を満たす条件（旗竿敷地の場合）

フェンス
内法寸法は2m未満でも可
塀
2m以上を確保する
前面道路

旗竿敷地にある共同住宅。敷地が前面道路に2m以上接しているので、接道条件を満たす

敷地内通路幅員［令128条など］が規定されている場合は規定の有効寸法を確保する

塀、フェンスなどの内法寸法が2m未満でも、敷地として2m以上接していて通行可能であれば接道しているとみなされる

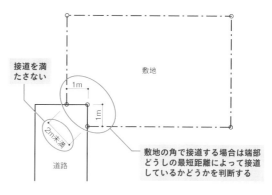

敷地
2m以上
塀、フェンスなど
2m未満
袋路の長さは条例で制限されていることが多い
2m以上
前面道路

❷ 敷地の入隅の角で接道する場合

敷地
接道面A
接道面B
2m以上とする

敷地の角で接道する場合は、端部どうしの最短距離で2m以上道路に接していなければならない

接道を満たさない
1m
1m
敷地
2m未満
道路

敷地の角で接道する場合は端部どうしの最短距離によって接道しているかどうかを判断する

図2 法43条2項の認定または許可による特例

橋などにより、水路をまたいで前面道路と接する場合

共同住宅
占用許可を受けた橋［31頁］
前面道路
水路

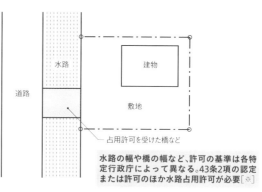

水路
道路
建物
敷地
占用許可を受けた橋など

水路の幅や橋の幅など、許可の基準は各特定行政庁によって異なる。43条2項の認定または許可のほか水路占用許可が必要[※]

接道していない敷地や接道条件を満たしていない敷地でも、公園などの広い空地に接している場合で、法43条2項により特定行政庁が建築審査会の同意を得て許可したものは建築可能となる。200㎡以下の戸建て住宅の場合で一定の基準を満たすものは、建築審査会の同意は不要で、特定行政庁の認定により建築可能となる

※ 法43条2項の認定または許可では、河川や水路に橋や蓋をした部分で一般の通行に供されている場合は「農道その他これに類する公共の用に供する道」として扱われ認定または許可の対象となる

図3 「隅切り」を求められる角地

❶ 狭い道路の角部分に設ける隅切り

角部分に2等辺三角形による隅切りを設置した事例

狭い道路の角部分に求められる一般的な隅切りの形状[令144条の4第2号]。条例などにより規定が異なる

車両が安全・円滑に通行できるように、幅員6m未満の道路では、隅角をはさむ2辺を各2mとした2等辺三角形の隅切りを設ける必要がある[※]。原則として、隅切り部分には、建築物や塀を建築することはできない

❷ 道路が120°未満で交差する場合

隅切り部分には建築物は建てられないが、歩道橋(道路内工作物)は建築可能[31頁]

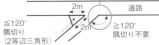
道路が120°以上で交差する場合には隅切りは不要

特定道路と接続する前面道路に隅切りがある場合

特定道路(幅員15m以上)と接続する道路(幅員6m以上、12m未満)に設置された隅切り。特定道路から延長70m以内にある敷地は容積率の緩和を受けられる(70mの起点○は隅切りの幅員が15mである位置とする)[37頁]

起点○は幅員が15mの位置でとる

❸ 道路位置指定などにより設置する場合

道路位置指定を受けるための条件として、原則として隅切りを両側に設けることが定められている

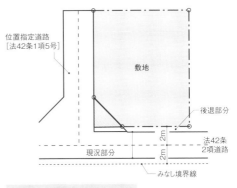

原則として位置指定道路や都市計画法29条の開発許可により設けた隅切り部分は敷地面積に算入できない(道路の一部とみなされる)

□ 敷地面積算入部分
■ 敷地面積不算入部分

※ 東京都建築安全条例では、幅員6m未満の道路が交わる角地の隅切りの寸法は、二等辺三角形の等しい2辺以外の辺(底辺)の長さを2m以上としている。道路が120度未満で交差する場合も同様

図3 幅員の大きな道路が直交する場合②

建物A

隣地境界線

敷地が2m以上、前面道路Aに接道する

敷地

道路B

容積率算定時の前面道路は道路A

道路A

敷地が2m以上接道しているので、道路Aを容積率算定時の前面道路とする

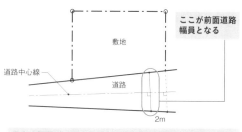

直交する道路幅員の一部が敷地にかかっている

直交する道路を前面道路と扱うには2m以上の接道が必要

2m以上

敷地

b

道路

a

道路

a>bの場合、前面道路幅員はaとなる

図1 幅員の異なる2つの前面道路がある場合

道路B

道路A

容積率算定時の前面道路は道路A

幅員が大きい道路Aを容積率算定時の前面道路とする ［※2］

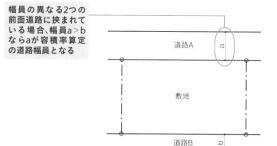

幅員の異なる2つの前面道路に挟まれている場合、幅員a＞bならaが容積率算定の道路幅員となる

道路A

a

敷地

道路B

b

図4 前面道路の幅員が変わる場合

建物A

最大幅員

建物Aの前面道路幅員

平行に2m移動

最大幅員がとれる位置から狭いほうへ2m平行移動した地点が前面道路幅員

ここが前面道路幅員となる

敷地

道路中心線

道路

2m

最大の幅員がとれる位置から狭い側へ2m平行移動した地点を前面道路の幅員とする

図2 幅員の大きな道路が直交する場合①

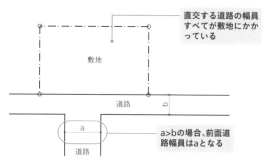

道路Aの幅員すべてが敷地にかかる

道路B

道路A

前面道路は道路A

道路Aを容積率算定時の前面道路とする

直交する道路の幅員すべてが敷地にかかっている

敷地

道路

b

a

道路

a>bの場合、前面道路幅員はaとなる

※1　前面道路の幅員が12m未満の建築物の容積率は、前面道路の幅員（m）に住居系の用途地域では4/10、それ以外の用途地域では6/10を乗じた数値以下としなければならない。このため容積率は、都市計画で指定された指定容積率と道路幅員により算定された算定容積率のうちどちらか小さい方の数値が、その敷地に制限される容積率となる

※2　道路斜線制限では、広い方の前面道路Aから2aかつ35m以内の区域は、すべての前面道路がaの幅員を有するものとみなして適用される［62頁］

図7 道路が敷地の反対側に拡がる場合

敷地はa（幅員の広い部分）に2m以上接しているため、aが前面道路幅員となる

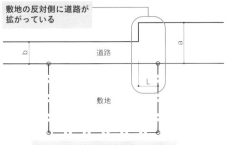

L≧2mならば前面道路幅員はaとなる

図5 前面道路の幅員が2種類ある場合

それぞれの最大幅員がとれる位置から狭いほうへ2m平行移動した地点を前面道路幅員とする。写真ではaが前面道路の幅員に該当

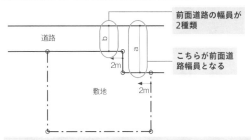

それぞれ最大の幅員がとれる位置から狭い側へ2m平行移動した地点a、bのうち、広いほうを前面道路の幅員とする

図8 道路が敷地の前面のみに拡がる場合

aを前面道路の幅員とする

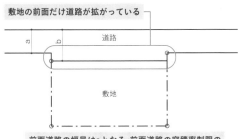

前面道路の幅員はaとなる。前面道路の容積率制限の趣旨から、bは前面道路の幅員とはみなされない

図6 道路が敷地の角で拡がる場合

拡大している部分は2m以上。aを前面道路の幅員とする

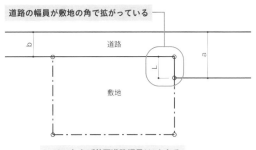

L≧2mならば前面道路幅員はaとなる

敷地

1 一敷地一建物の原則 ［令1条1号］

敷地とは、1つの建築物または用途上不可分の関係にある2以上の建築物のある一団の土地のこと

図 1つの敷地内に建築が認められるもの・認められないもの

❶ 一敷地一建物の原則

用途上可分の例

用途上可分の関係にあるため、敷地ごとに接道義務や容積率、建蔽率、斜線制限などの規定を満たさなければならない

用途上不可分の例

用途上不可分の関係にある建物は、一敷地内に建築できる

❷ 用途上不可分の関係にある建物の例

主要建物	用途上不可分の建物（付属棟など）
住宅	車庫、物置、納屋、茶室、離れ（備考：離れはキッチンなど独立した住宅としての用途がなく、建物間における主従関係が明確であること）
共同住宅	車庫、物置、自転車置場、電気室、プロパンガス庫、管理棟
旅館・ホテル	離れ（客室）、浴室棟、あずま屋、車庫
工場（作業所）	事務室棟、車庫、電気室、機械室、厚生棟（更衣室、食堂棟、浴室棟）
学校	実習棟、図書館、体育館、給食室、倉庫
病院	診療棟、病棟、研究棟

2以上の建築物が用途上不可分（用途上相互に関係がある）の場合は、一敷地内に複数の建物が建築できる。共同住宅で2棟以上の場合は用途上可分となり、敷地を分割する必要がある（法86条の規定により、一団地認定を受けた場合は例外［32頁］）

写真 一敷地内に複数の建物が建てられた例

❸ 工場の事務室棟と倉庫

❶ 共同住宅と自転車置場

❹ 校舎と体育館

❷ 戸建住宅と物置

2 道路や水路などで分断された敷地　　　　［令1条1号］

図1 道路で分断され、「一団の土地」とみなされない場合

校舎と体育館のように、複数の建物が用途上不可分の関係にあったとしても、敷地が道路で分断されている場合は「一団の土地」とは見なされない。水路や河川の場合も同様。ただし、法86条に定める一団地認定を受けた場合は1つの敷地とみなす

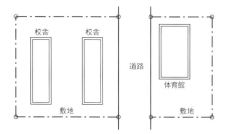

「一団の土地」と考えられる条件
1. 道路、河川などで隔てられず、連続した土地であること
2. 敷地内建築物と用途上不可分[30頁図2]な関係にあり共通の用途であること

道路内に建築できるものの例

公衆便所、巡査派出所、バス停留所の上家、自転車駐輪場、公共用歩廊（アーケードなど）、渡り廊下

道路内工作物の例

ペデストリアンデッキ、鉄道プラットフォームの上家、道路突出看板、歩道橋、地下鉄出入口、高齢者・身障者用エレベーター

＊　渡り廊下などで一定の要件を満たすものについて、特定行政庁が例外的に許可を与えた場合には、道路内に建築することができる[法44条1項4号・令145条2項]。渡り廊下部分の構造はS造、RC造、SRC造のいずれかとしなければならない

図2 水路で分断されていても「一団の土地」とみなされる場合

水路で分断された敷地の場合で、橋や暗きょなどにより相互の土地の一体的利用を十分に確保するほか、占用許可[＊]を得られれば、「一団の土地」とみなされる場合もある

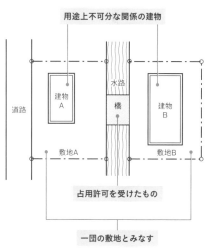

＊占用許可
水路にかかる橋を継続的に使用するために必要な許可。占用許可申請は水路管理者に行うことになる。許可条件は各市町村で制定されている水路に関する条例などで定められているため、管理者との十分な事前協議が必要。占用許可を受けた橋、暗きょは原則として敷地面積に含まない

3　一団地認定制度

複数の建築物が一団地を形成し、特定行政庁から安全上、防火上、衛生上支障がないと認定された場合は、一敷地一建築物の原則によらず、接道、容積率、建蔽率、斜線制限、日影規制などがすべて同一の敷地内にあるものとみなして適用される制度

個々の建築物は、必ずしも接道していなくてもよい

建蔽率や容積率、道路斜線や日影規制、外壁後退などの高さ制限について同一敷地内として扱うことができる。ただし、避難経路や採光など、緩和のない条項もある

対象区域内の各建築物が一団地認定を受けたものである旨を記載した標識の設置が義務付けられる

4　道路内の建築制限

建築物や敷地を造成するための擁壁を、道路内や道路に突き出して建築・築造することはできない。ただし、地盤面下に建築するものや、建築審査会の同意を得て特定行政庁が許可したものは除く

▶ 室外機・開口部の扱い

出窓や外開き窓の開閉による道路への突出、空調室外機等の設備の突出は不可

▶ 建築設備の扱い

受水槽等の建築設備は建築物に含まれるため道路への突出は不可

軒・けらばなどの突出は不可

庇の突出は不可

門・塀などの建築は不可

車庫の突出は不可

擁壁の突出は不可

建築物（擁壁は工作物）が道路内に突出していない正しい例。商店街で見かける、外壁に設置された袖看板やテント製の庇などは突出可能だが、道路占有許可が必要［道路法32条1項］

Part 3

面積

建蔽率・容積率

1 建蔽率 ［法53条］

建蔽率とは、敷地面積に対する建築面積の割合のこと。建築物の建蔽率は用途地域別に定められた指定建蔽率以下としなければならない

図1 防火（準防火）地域内の耐火（準耐火）建築物等及び特定行政庁指定の角地にある場合の緩和

商業地域（指定建蔽率80%）内のビル。防火地域内で耐火建築物または延焼防止建築物［※1］とすれば建蔽率の適用は除外される

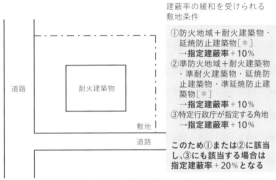

建蔽率の緩和を受けられる敷地条件

①防火地域＋耐火建築物・延焼防止建築物［＊］
→**指定建蔽率＋10%**
②準防火地域＋耐火建築物・準耐火建築物・延焼防止建築物・準延焼防止建築物［＊］
→**指定建蔽率＋10%**
③特定行政庁が指定する角地
→**指定建蔽率＋10%**

このため①または②に該当し、③にも該当する場合は**指定建蔽率＋20%**となる

＊ 指定建蔽率が80%の地域内で防火地域内にある耐火建築物または延焼防止建築物の場合は、建蔽率は適用除外となる［法53条6項1号］

図2 特定行政庁が指定する「建蔽率の緩和が受けられる角地」などの例 ［※2］

❸ 敷地が道路のほか、公園・広場などに接する場合

道路および公園に接する敷地。建蔽率が10%加算できる

❶ 2方向道路による角地

2方向道路による角地では、建蔽率が10%加算できる

①2方向道路による角地

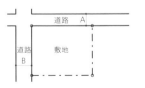

③敷地が道路のほか、公園・広場などに接している

②2方向道路による角地で、角度が120°以内

120°を超える場合、角地とみなされないことが多い

❷ 2方向道路による角地で、角度が120°以内

角度が120°以内の2方向道路に面する敷地。建蔽率が10%加算できる

※1 延焼防止建築物とは延焼防止時間（通常の火災による周囲への延焼を防止する時間）が耐火建築物と同等以上のもの。準延焼防止建築物は延焼防止時間が準耐火建築物と同等以上のもの［78頁］
※2 角地の指定は特定行政庁が行っており、内容に差異がある。角地かつ2方向の道路幅員の合計を10m以上必要とする場合や、通常の角地のほかに前面と背面の2方の道路に接する敷地で、その周長の1／3以上が接道する場合も角地と指定される地域がある

図3 建蔽率に不算入としてもよいもの

建蔽率の制限が厳しい住居系地域では、敷地の多くを建物に使うことができない。この場合は、外部テラスを設けてコートハウスにすると、デッドスペースを有効活用できるほか、建物自体にボリュームをもたせられる[資料提供：廣部剛司建築研究所　写真：鳥村鋼一]

建蔽率に入らない屋根のないテラス

コートハウスは、近隣の建物に比べて、ボリュームが大きく見える。この建物には当てはまらないが、斜線制限や建蔽率、容積率がオーバーしているのではないかと、近隣住民から特定行政庁に連絡されるケースもあるので、近隣対策を心がけたほうがよい場合がある

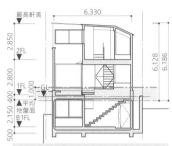

地階で地盤面上1m以下にある部分は建築面積に算入されない[令2条1項2号]。地階の水平投影面積が地上階よりも大きい場合に重要になってくる。本事例は地階と地上部分の水平投影面積が同じなので建蔽率に影響はない

断面図[S=1：300]

屋根がないテラスは建蔽率に不算入

屋根がない坪庭は建蔽率に不算入

1階平面図[S=1：250]

図4 グレーチング・すのこ床の取扱い

バルコニーのすべてを建築面積に不算入とする手立てとして、床をグレーチング・すのこにするという手法がある。この場合は、防水バルコニーとしなくてもよいので、室内（開口部枠）との間の段差をなくすことができ、室内とバルコニー（外部）との連続性が強調される[写真提供：リオタデザイン]

バルコニーと2階の床はほぼフラットに納まっている。防水バルコニーの場合は、開口部枠の下に120mm以上の防水層立上りが必要となる（住宅瑕疵担保責任保険 設計施工基準）

すのこバルコニーの見上げ。バルコニーの下に屋内的用途（車庫など）が発生する場合は、建築面積に算入するという取扱いをしている特定行政庁があるので注意が必要。この建物では屋外的用途（アプローチ）としている

グレーチング床と建築面積

建蔽率の制約が厳しい場合には、バルコニーの床をグレーチング・すのこにすることで、建築面積に不算入とする方法も考えられる。グレーチング・すのこについては雨露を防ぐという屋根の基本機能を有していないことから、庇などとは異なり、パーゴラなど同様に建築面積に算入されない。ただし、特定行政庁によっては算入することを明確化しているところもあるので、事前確認は必須である

表　グレーチング状バルコニーの取扱いを公開している特定行政庁

名古屋市	原則として下部が屋内的用途（自動車車庫・物置など）でない場合に限り、工作物的なものとして扱い、建築面積に不算入
さいたま市	建築面積に算入。下部も屋内的用途に供する場合は、当該部分を床面積にも算入する
東京都江戸川区	専用住宅で、かつ以下の条件を満たせば、先端から1mまで建築面積に不算入 ①バルコニー下部に用途がない ②バルコニー先端から隣地境界までの距離を50cm以上確保している ③バルコニー上部に設ける庇は、30cm程度（樋を含む）である ④柱は、バルコニーのみを支えるものであり、かつ不燃材料でつくられている ⑤バルコニーは、建築物外壁面のうち1面のみの設置であり、かつ当該外壁面長の1／2以下である

2 容積率

容積率とは、敷地面積に対する延べ面積の割合のこと。建築物の容積率は用途地域別に定められた指定容積率以下、かつ敷地の接する前面道路[28・29頁]が12m未満の場合は、その幅員に住居系用途地域では4/10、それ以外の用途地域では6/10を乗じた算定容積率以下とする。

図1 共同住宅・老人ホーム等の共用部分の容積率算定床面積の考え方

[法52条6項]

❸ 共同住宅のメールコーナーは共用廊下扱い

メールボックスは「宅配ボックス等」とみなされる

共同住宅や老人ホームのメールコーナーは共用廊下とみなし、容積率算定時の床面積に算入しない

///// :共有廊下部分として容積率の対象床面積から除外

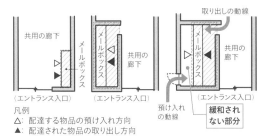

凡例
△：配達する物品の預け入れ方向
▲：配達された物品の取り出し方向

取り出しの動線
緩和されない部分
預け入れの動線

❶ 2m以上奥まったアルコーブ部分

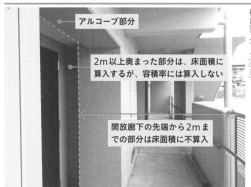

アルコーブ部分

2m以上奥まった部分は、床面積に算入するが、容積率には算入しない

開放廊下の先端から2mまでの部分は床面積に不算入

開放廊下では先端から2mを超える部分から床面積に算入する[49頁]

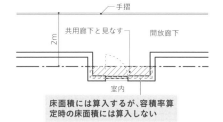

手摺
共用廊下と見なす
開放廊下
室内

床面積には算入するが、容積率算定時の床面積には算入しない

共同住宅・老人ホーム等における共用の通行部分は、建物の延べ面積には算入するが容積率を算定する際の床面積には算入されない[※1]

❹ 宅配ボックス[※2]は容積対象外

[令2条3項]

メールボックスと一体となった宅配ボックス

容積率算定時の床面積に算入しない

建物用途にかかわらず、宅配ボックス部分は延べ面積の1/100を限度に容積率の対象床面積から除外

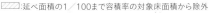
///// :延べ面積の1/100まで容積率の対象床面積から除外

宅配ボックス 宅配ボックス 宅配ボックス 1m

区画がなく、配達された物品の預け入れ又は取り出しに必要な幅を超えている

❷ 開放廊下に設置した室外機置き場について

出窓

床面積に算入しない

開放廊下に設置された室外機

床面積不算入の開放廊下に設置した住宅用エアコンの室外機置き場は、床面積に算入しない

室外機置き場を柵等で区画した場合 → 床面積、容積率ともに算入する

※1　共同住宅や老人ホーム等の共用廊下、共用階段、エントランスホール、風除室などは容積率算定時の床面積に算入しない
※2　宅配ボックスには、配達された物品の一時保管機能に必要となる電子操作盤、構造上一体的に設けられた郵便受け、当該宅配ボックスに付加的に設けられるAED保管庫等の設備を含む

図2 特定道路による容積率の緩和（前面道路幅員を増やして制限容積率を算定できる） ［法52条9項］

前面道路
（幅員6m以上・
12m未満）

容積率の緩和を受けられる敷地
（特定道路から70m以内にある敷地）

特定道路
（幅員15m以上）

特定道路と接続する前面道路に隅切りがある場合［27頁］は、幅員が15mである地点を起点Oとする

前面道路幅員Wrが6m以上、12m未満で、特定道路からの延長Lが70m以内の敷地が対象となる

前面道路幅員Wrに加える幅員数値Waの計算
$$Wa = (12 - Wr) \times (70 - L) / 70$$
緩和後の算定容積率
$$= (Wr + Wa) \times 6 / 10 （住居系用途地域では4/10）$$

特定道路［＊］からの延長Lとは
① 前面道路が特定道路と接続する部分の中心を起点Oとする
② 敷地の道路境界線上で特定道路に一番近い点Aから前面道路中心線に垂線を下ろし、交点Bとする
③ 交点Bから起点Oまでの水平投影長さを「延長L」という

＊ 特定道路とは幅員15m以上の道路

図3 自動車車庫などがある場合の容積率 ［法52条3項・6項、令2条3項］

表 一目で分かる！ 容積率の緩和（容積率算定の床面積から除外できる部分）

	共同住宅 老人ホーム 等［＊］	全用途							住宅（戸建て・長屋・共同住宅）・老人ホーム等［＊］
除外できる部分	①共用廊下・共用階段	②エレベーターの昇降路	③車庫・駐輪場それらの車路	④防災用備蓄倉庫	⑤蓄電池設置部分	⑥自家発電設備設置部分	⑦貯水槽設置部分	⑧宅配ボックス設置部分	⑨地階部分［54頁］
除外できる限度	限度なし	限度なし	延べ面積の1/5	延べ面積の1/50	延べ面積の1/50	延べ面積の1/100	延べ面積の1/100	延べ面積の1/100	延べ面積（①と②の面積を除く）の1/3

＊ 養護老人ホーム、特別養護老人ホーム、軽費老人ホーム、グループホーム（認知症対応型共同生活介護事業や共同生活援助事業を行う住居）、有料老人ホーム、福祉ホーム、ケアホーム（共同生活介護事業を行う住居）、障害者支援施設、母子生活支援施設、児童養護施設、障害児入所施設、児童自立支援施設、乳児院、自立援助ホーム・ファミリーホーム（児童自立生活援助事業を行う住居）、婦人保護施設、救護施設、更正施設、宿所提供施設、ただし介護老人保健施設、療養病床など、建築基準法上病院・診療所と取り扱うものは対象としない

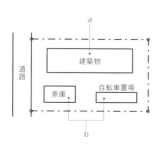

容積率に算入されない車庫
などの床面積の限度
$$b > \frac{a+b}{5} の場合$$
↓
容積率の対象となる床面積
$$a + b - \frac{a+b}{5}$$
$$b \leqq \frac{a+b}{5} の場合はbとなる$$

容積率の限度で計画する場合
の建築可能な床面積
$$b = \frac{a}{4} \quad \therefore a + \frac{a}{4} = \frac{5}{4}a$$

例えば容積率制限で100㎡までとなる建物でも、25㎡の車庫を付属させ125㎡までの建物とすることができる

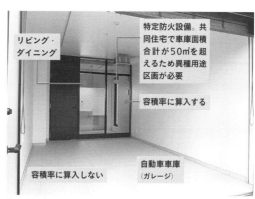

共同住宅専有部内のガレージ。容積率には算入されていない［資料提供：ブルースタジオ］

リビング・ダイニング
特定防火設備。共同住宅で車庫面積合計が50㎡を超えるため異種用途区画が必要
容積率に算入する
容積率に算入しない
自動車車庫（ガレージ）

共同住宅の床面積→1,174.87㎡ 自動車車庫の床面積→74.53㎡
車庫などの除外許容面積＝1,174.87×1／5＝234.97㎡
自動車車庫の床面積 74.53㎡＜234.97㎡
結論：車庫面積は共同住宅の床面積の1／5以下なので、車庫部分は容積対象床面積から除外できる

3 建築面積と床面積の違い

❶ ポーチ

a：建築面積

建築面積に不算入となる部分

建築面積に算入する部分

1m

1m後退した線で囲まれた部分を算定

原則、外壁(柱)の中心から1m以上はね出していれば、先端から1mは不算入となる。柱や構造壁に囲まれた部分はすべて算入する

b：床面積

屋内的用途が発生していないので、床面積にはすべて不算入

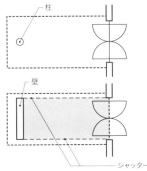

柱

壁

シャッター

面積に算入する部分

面積に算入しない部分

屋内的用途を目的としないポーチは、原則不算入。ただし、シャッター等で区画した部分は算入する

❷ バルコニー

a：建築面積

外壁に囲まれているので建築面積にはすべて算入する［写真提供：グラムデザイン一級建築士事務所］

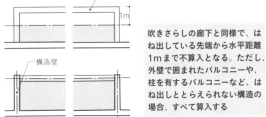

手摺等

1m

構造壁

吹きさらしの廊下と同様で、はね出している先端から水平距離1mまで不算入となる。ただし、外壁で囲まれたバルコニーや、柱を有するバルコニーなど、はね出しととらえられない構造の場合、すべて算入する

b：床面積

1.1m以上かつ天井高の1／2以上を満たす

1,500

900［※］

2m

床面積に不算入となる部分

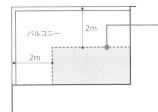

バルコニー

2m

2m

吹きさらしの廊下に準じ、外気に十分に開放されている場合には、幅2mまで不算入。建築面積と異なり、吹きさらしの条件を満たしていれば、構造壁で囲まれたバルコニーでも手摺芯から2mの範囲は不算入となる

※ 2階建て戸建住宅なので、手摺高さは1,100mm以上なくてもよい［令117条］

❸ 吹きさらしの廊下

a：建築面積

庇の先端から1mの部分については建築面積に不算入。[写真提供：相坂研介設計アトリエ]

b：床面積

1.1m以上かつ天井高の1/2以上を満たす

1,450

1,150

床面積にすべて不算入

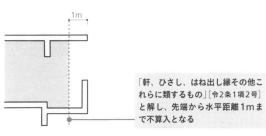

1m

「軒、ひさし、はね出し縁その他これらに類するもの」[令2条1項2号]と解し、先端から水平距離1mまで不算入となる

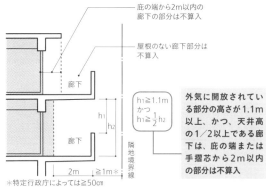

庇の端から2m以内の廊下の部分は不算入

屋根のない廊下部分は不算入

廊下

h₁

h₂

廊下

2m ≧1m※

隣地境界線

$h_1 \geqq 1.1m$ かつ $h_1 \geqq \frac{1}{2} h_2$

外気に開放されている部分の高さが1.1m以上、かつ、天井高の1/2以上である廊下は、庇の端または手摺芯から2m以内の部分は不算入

※特定行政庁によっては≧50cm

❹ 屋外階段

a：建築面積

階段を支える柱の内側は建築面積に算入

階段を支える柱の外側は建築面積に不算入

b：床面積

階段のすべてが外気に有効に開放されているので、床面積に不算入

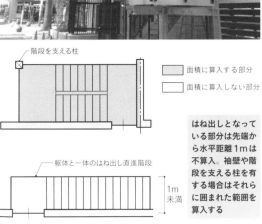

階段を支える柱

■ 面積に算入する部分
□ 面積に算入しない部分

躯体と一体のはね出し直進階段

1m未満

はね出しとなっている部分は先端から水平距離1mは不算入。袖壁や階段を支える柱を有する場合はそれらに囲まれた範囲を算入する

a≧1m（特定行政庁によっては50cm以上としているところもある）

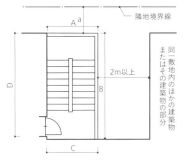

A a

隣地境界線

2m以上

B

D

C

同一敷地内のほかの建築物またはその建築物の部分

周長の1／2以上が外気に有効に開放されている階段は不算入となる
$(A + B + C + D) / 2 \leqq A + B$

建築面積とは、原則として外壁や柱の中心線で囲まれた部分の面積を指す

建築面積

1 屋外階段

［令2条1項2号］

図3 4本の柱で支える階段の場合

建築面積に算入される部分

4本の柱

4本の柱で支えられた屋外階段。すべて建築面積に算入する

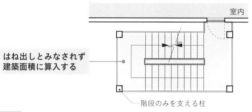

はね出しとみなされず建築面積に算入する

階段のみを支える柱

室内

建築面積に算入する部分

図1 はね出し階段の場合

建築面積に算入する部分

先端から1mの部分（建築面積に不算入）

はね出し部分は先端から1mまで建築面積に算入しない

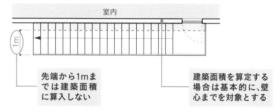

室内

1m

先端から1mまでは建築面積に算入しない

建築面積を算定する場合は基本的に、壁心までを対象とする

建築面積に算入する部分

図4 階段の中央に壁がある場合

階段を支える構造壁（建築面積に算入）

幅が1m未満の階段（建築面積に不算入）

壁から持ち出している部分

構造壁のみで支えられた屋外階段。先端から1mは床面積に算入しない

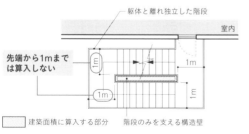

躯体と離れ独立した階段

室内

先端から1mまでは算入しない

1m

1m

1m

階段のみを支える構造壁

建築面積に算入する部分

図2 2本の柱で支える階段の場合

2本の柱

建築面積に算入される部分

2本の柱で囲まれた屋外階段。すべて建築面積に算入する

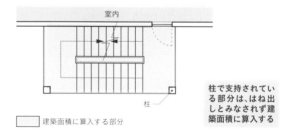

室内

柱

柱で支持されている部分は、はね出しとみなされず建築面積に算入する

建築面積に算入する部分

図7 開放廊下をともなう場合①

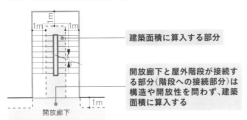

1m

建築面積に
算入する部分

建築面積に算入しない部分

階段への接続部分は建築面積に算入する

1m 1m 1m

建築面積に算入する部分

開放廊下と屋外階段が接続する部分（階段への接続部分）は構造や開放性を問わず、建築面積に算入する

1m

開放廊下

☐ 建築面積に算入する部分

図5 はね出した部分がある場合

先端から1mまでは
建築面積に算入しない

建築面積に
算入する部分

1m

はね出した部分

外壁からはね出した部分のうち、先端から1mまでは建築面積に算入しない

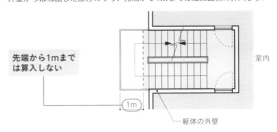

先端から1mまでは算入しない

室内

1m

躯体の外壁

☐ 建築面積に算入する部分

図8 開放廊下をともなう場合②

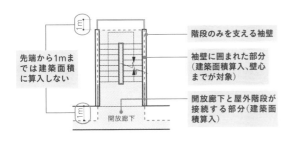

開放廊下と屋外階段が
接続する部分
（建築面積算入）

開放廊下

袖壁

建築面積に
算入しない部分
（壁心の外側）

建築面積に
算入する部分

図7に加えて袖壁に囲まれた部分も建築面積に算入する

1m

階段のみを支える袖壁

先端から1mまでは建築面積に算入しない

袖壁に囲まれた部分
（建築面積算入、壁心までが対象）

開放廊下と屋外階段が接続する部分（建築面積算入）

1m

開放廊下

☐ 建築面積に算入する部分

図6 2枚の袖壁にはさまれた場合

袖壁

壁心

建築面積に
算入する部分

先端から1mまでは
建築面積に算入しない

袖壁に囲まれた部分
（建築面積算入、
壁心までが対象）

囲まれた部分は壁心までを建築面積に算入する

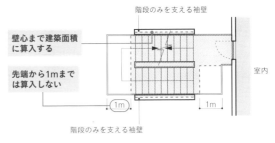

階段のみを支える袖壁

壁心まで建築面積に算入する

先端から1mまでは算入しない

室内

1m

1m

階段のみを支える袖壁

☐ 建築面積に算入する部分

図1　バルコニーの脇に袖壁がない場合

袖壁なし

1m

先端から1m
（建築面積に算入しない部分）

建築面積に算入する部分

両脇に袖壁がない場合は、先端から1mまでは建築面積に算入しない

はね出しはa方向と考える

バルコニー　　a　　a　　1m

室内

両端部分も1mまで算入しないとする地域もある

☐ 建築面積に算入する部分

外壁・柱から突出した片持ちのバルコニーは「はね出し縁その他これらに類するもの」として扱い、はね出し部分は先端から1mまで建築面積に算入しない

図2　バルコニーの脇に片側のみ袖壁がある場合

袖壁

建築面積に
算入する部分

袖壁なし

先端から1m
（建築面積に算入しない部分）

袖壁からバルコニーがはね出しているので、先端から1mまでは建築面積に算入しない
［撮影協力：設計事務所アーキプレイス］

はね出しはa、b方向と考える

袖壁　　a　　バルコニー　　a　　1m　　b　　1m

室内

片側に袖壁がある場合、その袖壁からバルコニーがはね出していると考える。なお、両側に袖壁がある場合は、はね出しと判断されない

☐ 建築面積に算入する部分

図3　バルコニー脇の両側に袖壁がある場合

袖壁

バルコニー全体が
建築面積に算入される

袖壁が両側にある場合はすべて建築面積に算入［写真提供　設計事務所アーキプレイス］

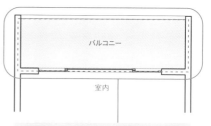

バルコニー

室内

バルコニーの両側に袖壁がある場合は、基本的には建築面積に算入する

☐ 建築面積に算入する部分

図4 バルコニーの形状がL形の場合

- 袖壁なし
- 先端から1m
- 1m
- 建築面積に算入する部分
- 1階の外壁面までが建築面積に不算入となる

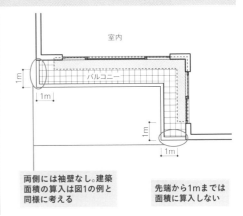

室内

バルコニー

両側には袖壁なし。建築面積の算入は図1の例と同様に考える

先端から1mまでは面積に算入しない

□ 建築面積に算入する部分

両側に袖壁のないL形のバルコニー。形状に合わせるように、先端から1mまでは建築面積に算入しないが、写真のように1mの範囲内に壁がある場合は、1階の外壁面までが不算入となる

図5 バルコニーの3面が壁などに囲まれている場合

- 3面が外壁に囲まれたバルコニー
- バルコニー全体が建築面積に算入される

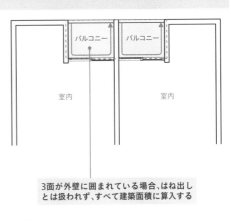

バルコニー　バルコニー

室内　　室内

3面が外壁に囲まれている場合、はね出しとは扱われず、すべて建築面積に算入する

□ 建築面積に算入する部分

3面が壁に囲まれたバルコニー。すべて建築面積に算入する

図6 バルコニーの庇下に支柱がある場合

- 柱の内側は建築面積に算入する
- 1m以内
- バルコニーを支える柱

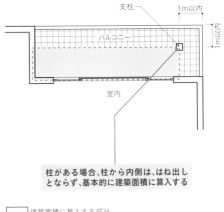

支柱

1m以内

1m以内

バルコニー

室内

柱がある場合、柱から内側は、はね出しとならず、基本的に建築面積に算入する

□ 建築面積に算入する部分

バルコニーの庇下にある支柱。その内側から建築面積に算入する

3 「高い開放性」を有するものの建築面積　[平5建告1437号]

図1 「高い開放性」の条件を満たす玄関ポーチ

1m
建築面積に算入する部分
先端から1m
（建築面積に算入しない部分）
玄関ポーチ
柱の間隔は2m以上
天井高は2.1m以上

平5建告1437号
「高い開放性を有すると認めて指定する構造」の条件

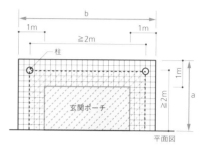

・外壁のない部分が連続して4m以上（a＋b
　＋a≧4m）
・柱の間隔が2m以上
・天井の高さが2.1m以上
・地階を除く階数が1

平面図

□ 「高い開放性」を「満たす場合」の建築面積に算入する部分

▨ 「高い開放性」を「満たさない場合」の建築面積に算入する部分

柱2本で支えられた玄関ポーチ。「高い開放性」の条件を満たすので、先端から1mまでは建築面積に算入しない

図2 玄関ポーチの庇を袖壁と柱で支持している場合

柱から建物までは2m確保
玄関庇
袖壁から2mの部分
袖壁
柱
建築面積に算入する部分
先端から1m
（建築面積に算入しない部分）
天井高は2.1m以上

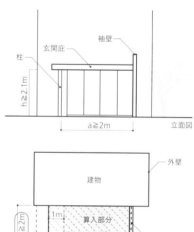

柱
玄関庇
袖壁
h≧2.1
a≧2m
立面図

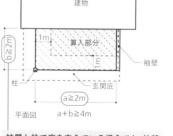

外壁
建物
1m　算入部分
袖壁
b≧2m
柱
玄関庇
a≧2m
平面図
a＋b≧4m

袖壁と柱で庇を支えている場合でも、外部に面している部分が4m以上あれば、「高い開放性」を適用することができる

⬚ 「高い開放性」を「満たす場合」の建築面積に算入する部分

▨ 「高い開放性」を「満たさない場合」の建築面積に算入する部分

片側が袖壁の場合は袖壁部分からはね出していると考える（バルコニーと同様［42頁図2］）。先端から1mまでは建築面積に算入しない

床面積とは、原則として壁または柱の
中心線で囲まれた部分の面積のこと

床面積

1 出窓

図1 床面積に算入されないための3条件

窓の見付け面積は
出窓全体の1／2以上

外壁からの突出は
50cm未満

窓の下端の高さは
床面から30cm以上

この出窓については、奥行き、床面からの距離、見付け面積という3条件をクリア
しているので、床面積には算入しない

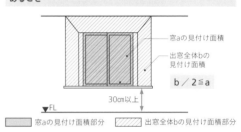

窓 bの範囲
室内
出窓
50cm
未満
中
窓 aの範囲

出窓を床面積に算入しないためには以下のすべての条件を満
たすことが必要
・出窓の下端を床面から30cm以上離す
・外壁から50cm以上突き出ない
・窓aの見付け面積が出窓全体bの見付け面積の1／2以上で
あること

窓aの見付け面積

出窓全体bの
見付け面積

$b／2≦a$

30cm以上

▼FL

▨ 窓aの見付け面積部分　▧ 出窓全体bの見付け面積部分

図2 奥行きが50cm以上ある場合

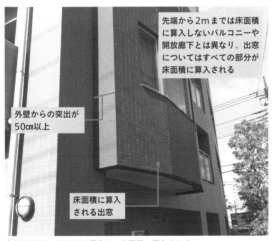

先端から2mまでは床面積
に算入しないバルコニーや
開放廊下とは異なり、出窓
についてはすべての部分が
床面積に算入される

外壁からの突出が
50cm以上

床面積に算入
される出窓

奥行きが50cm以上ある場合は、床面積に算入される

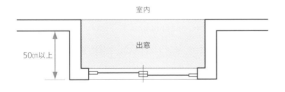

室内
出窓
50cm以上

床面積に算入されないほかの条
件を満たしても、出幅が50cm以上
あれば床面積に算入される

図3 開口面積が小さい場合

床面積に算入
される出窓

窓の見付け

出窓全体の
見付け

窓の見付け面積は出窓全体の1／2以下。床面積に算入される

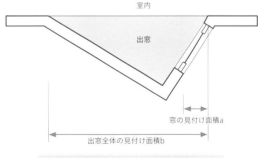

室内
出窓

窓の見付け面積a

出窓全体の見付け面積b

窓の見付け面積が$a≧b×1／2$にならなければ、
床面積に算入される

図1 床面積に算入されない屋外階段

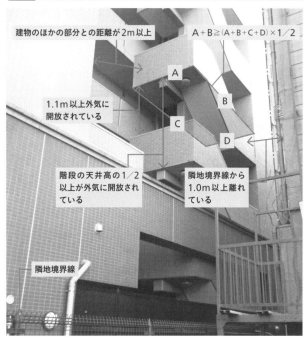

建物のほかの部分との距離が2m以上

A＋B≧(A＋B＋C＋D)×1／2

1.1m以上外気に開放されている

階段の天井高の1／2以上が外気に開放されている

隣地境界線から1.0m以上離れている

隣地境界線

外気に有効に開放されているので、床面積には算入しない

以下の①～③の条件に該当する屋外階段は床面積に算入しない。
①外気に開放された部分の長さが周長の1／2以上
②隣地境界線や同一敷地内の建物などと一定の距離が確保されている
③先端部分が一定以上外気に開放されている

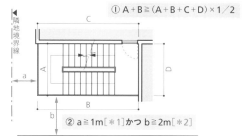

◀隣地境界線

① A＋B≧(A＋B＋C＋D)×1／2

② a≧1m［＊1］かつ b≧2m［＊2］

同一敷地内のほかの建物またはその建物のほかの部分

＊1 東京都などは50cm　＊2 地域によって異なる

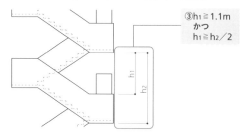

③h₁≧1.1m
かつ
h₁≧h₂／2

③ $h_1 \geqq 1.1m$ かつ $h_1 \geqq h_2／2$

図2 屋外階段の床面積算定方法

❶ 階段のみを支える壁柱がある場合

壁柱

壁柱のみで支えられた屋外階段。周長の1／2以上が外気に有効に開放されているので、床面積には算入しない

屋外階段は、すべて床面積に算入するか、算入しないかのいずれかである。一部を算入する場合がある建築面積の算定方法［39頁］とは異なる

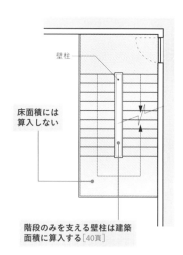

壁柱

床面積には算入しない

階段のみを支える壁柱は建築面積に算入する［40頁］

❷ 壁からはね出した部分がある場合

屋外階段全体の
長さ（A）

A

B

壁からはね出した
部分の長さ（B）

B≧A×1/2で
あれば不算入

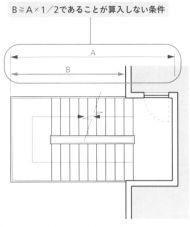

B≧A×1/2であることが算入しない条件

A

B

壁からはね出した部分がある屋外階段。はね出した部分の
長さが全体の1／2以上であれば床面積に算入しない

❸ 階段をパイプ格子などで覆った場合

格子間の隙間の面積は、
パイプ格子の見付け面積
の1／2以上とすること

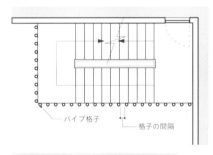

パイプ格子

格子の間隔

**簡易なパイプ格子などで、見付け面積の1／
2以上の隙間を設けて設置する場合、基本的
には床面積に不算入**

注　格子形状や開放率など、各特定行政庁などに
　　よって詳細の取扱いが異なるので要確認

屋外階段をパイプ格子で覆った場合は基本的に図1と同様
の扱い。条件を満たしていれば、床面積には算入しない

❹ 隣地境界線に近く、屋外階段と隣地境界線が平行でない場合

A＋B≧周長×1／2で
あれば床面積に算入しない

外気に有効に開放されたB

隣地境界線

隣地境界線からの水
平離隔距離（50㎝、
東京都や埼玉県など）

外気に有効に開放されたA

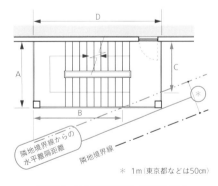

D

A

B

C

隣地境界線からの
水平離隔距離

隣地境界線

＊　1m（東京都などは50㎝）

**A＋B＋C≧周長（A＋D＋A＋D）×1／2
であれば、床面積に算入しない**

屋外階段が隣地境界線に対して平行でない場合は、隣地境
界線からの水平離隔距離を用いて、外気に開放された部分
の長さを計算する

3 バルコニー

[昭61住指発115号]

図1 屋外に開放されたバルコニーは床面積に算入されない

❶ 先端から2mまでは床面積に算入しない

- 2m
- バルコニーの先端
- 床面積に算入する部分は、バルコニーの先端から2mを超える部分
- 先端から2mの部分（算入しない）

隣地境界線

- 先端から2mを超える部分は床面積に算入する
- 離隔距離を1m以上[＊]確保
- バルコニー　2,000
- 室内
- 手摺上部は一定以上開放する[③参照]

＊ 東京都などは50cm　　　　　　　□ 床面積に算入する部分

上部に屋根等のあるバルコニーは開放性があり屋内的用途に使用しない場合でも、先端から2mを超える部分が床面積に算入される

❷ バルコニー下の床面積

- 上部が開放されているバルコニーは床面積に算入しない
- 隣地境界線
- 床面積に算入する

2階のバルコニーは床面積に算入しないが、バルコニーの下（1階）は駐車場の用途に利用されているため、すべて床面積に算入する

❸ 手摺上部における開口部・庇（軒）の出の扱い

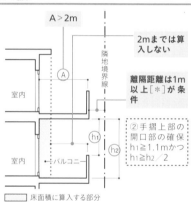

- 隣地境界線
- 外気に有効に開放された部分の高さは天井高の1／2以上とする
- 手摺上部は1.1m以上開放する

手摺上部が1.1m以上、かつ天井高の1／2以上が外気に開放されていれば、バルコニーは先端から2mまで床面積に算入されない

A＞2m

隣地境界線

- 室内 A
- 室内 h₁
- バルコニー h₂

- 2mまでは算入しない
- 離隔距離は1m以上[＊]が条件
- ②手摺上部の開口部の確保 $h_1 \geqq 1.1m$ かつ $h_1 \geqq h_2 ／ 2$

□ 床面積に算入する部分

＊ 東京都などは50cm

図2 屋根のない部分があるルーフバルコニー

- 屋根のない部分（床面積不算入）
- 床面積に算入される部分
- 屋根の先端から2mの部分（床面積不算入）

屋根のない部分は、床面積に算入しない

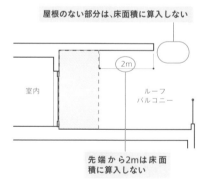

- 室内
- 2m
- ルーフバルコニー
- 先端から2mは床面積に算入しない

▛ 床面積に算入する部分

マンションのオーナー住戸などに見られるルーフバルコニーは、屋根の奥行きが2mを大きく超えるケースがある。この場合、屋根の先端から2mを超える部分は床面積に算入される

図3 隣地境界線からの離隔距離が小さいバルコニー

隣地境界線からの水平離隔距離（東京都や埼玉県などは50cm）

床面積に算入される部分

奥行き2m未満のバルコニー

隣地境界線

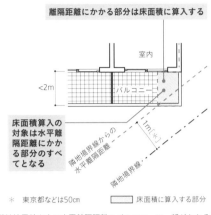

離隔距離にかかる部分は床面積に算入する

室内

バルコニー

<2m

床面積算入の対象は水平離隔距離にかかる部分のすべてとなる

隣地境界線からの水平離隔距離

隣地境界線

1m[＊]

＊ 東京都などは50cm ▢ 床面積に算入する部分

隣地境界線からの水平離隔距離にバルコニーの一部がかかる場合は、バルコニーの奥行きが2m未満であっても一部が床面積に算入される

4 開放廊下（バルコニーに準ずる床面積の算定方法） ［昭61住指発115号］

図1 床面積に算入される開放廊下

手摺上部は1.1mかつ天井高の1／2以上は開放する

先端から2mは床面積に算入しない

床面積に算入される部分

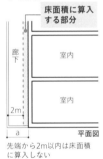

床面積に算入する部分

床面積に算入する部分

廊下

室内

室内

2m

a

平面図

先端から2m以内は床面積に算入しない

▢ 床面積に算入する部分

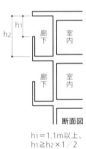

外気に有効に開放された部分

h1 h2 廊下 室内

廊下 室内

断面図

h1＝1.1m以上、
h1≧h2×1／2

奥行き2m以上の開放廊下。先端から2mの部分は床面積に算入しないが、2mを超える部分については床面積に算入する

図2 開放廊下の形状が変形している場合

手摺上部は1.1mかつ天井高の1／2以上は開放する

変形にしたがって2mラインを設定する

先端から2mは床面積に算入しない

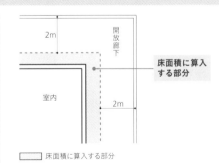

2m

開放廊下

床面積に算入する部分

室内

2m

▢ 床面積に算入する部分

開放廊下がL形となる場合も先端から2mの部分は床面積に算入しないが、2mを超える部分については床面積に算入する

図1　小屋裏物置等が階や床面積に算入されないための条件

小屋裏物置等の最高内法高さは1.4m以下とする

小屋裏の床面積は2階の床面積54.27㎡に対して1／2（27.13㎡）以下に当たる22.68㎡

はしご

木造戸建住宅の小屋裏を収納用途として利用する際には面積・高さなどについて法規チェックが必要［写真提供　U設計室］

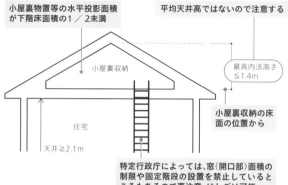

小屋裏物置等の水平投影面積が下階床面積の1／2未満

平均天井高ではないので注意する

最高内法高さ≦1.4m

小屋裏収納

住宅

天井≧2.1m

小屋裏収納の床面の位置から

特定行政庁によっては、窓（開口部）面積の制限や固定階段の設置を禁止しているところもあるので要注意。はしごは可能

階や床面積に算入されないための条件
・小屋裏・天井裏の最高内法高さ≦1.4m
・水平投影面積が下階床面積の1／2未満
・小屋裏物置等の直下の天井高≧2.1m

そのほかの注意として、木造の建築物では小屋裏収納の床面積が直下階の1／8を超え、かつ1／2未満になる場合は、荷重条件の割増しが必要。具体的には壁量計算の床面積算定時に、小屋裏の内法高さと床面積に応じた面積を加算する。加算面積は「**小屋裏の内法高さの平均値÷2.1×小屋裏の水平投影面積**」で算定する［平12建告1351号］

図2　床下収納を使ったスキップフロア

内法高さ1,100mmの床下収納を利用して、ダイニング・キッチン（写真左）とリビングを緩やかに分けた

床下収納も小屋裏物置等に該当する。うまく使えば、スキップフロアとして空間構成に変化を生むことも。ダイニング・キッチンを下に配して、脇に高さ1,100～1,200mm程度の床下収納を設け、床下収納の上にリビングを配するのが、最もポピュラーな手法だ［資料提供　直井建築設計事務所　写真　上田宏］

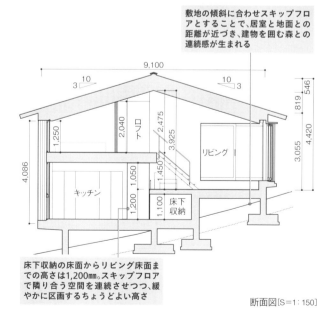

敷地の傾斜に合わせスキップフロアとすることで、居室と地面との距離が近づき、建物を囲む森との連続感が生まれる

床下収納の床面からリビング床面までの高さは1,200mm。スキップフロアで隣り合う空間を連続させつつ、緩やかに区画するちょうどよい高さ

断面図［S＝1：150］

Part 4

高さ

地盤面・高さ

1 地盤面 [令2条2項]

地盤面とは、建築物が周囲の地盤と接する位置の平均高さのこと

図1 敷地に高低差がある場合の地盤面

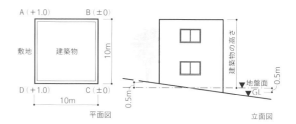

地盤面とはA～B～C～D～A間の平均の高さの水平面

地盤面の高さの計算例

地盤面の高さ（±0からの高さ）

= 建物周囲の高さ面積の合計／建物周囲の周長の合計

$$= \frac{AB(10 \times 1.0 \div 2) + BC(0) + CD(10 \times 1.0 \div 2) + DA(10 \times 1.0)}{40}$$

= 0.5mとなる

建築面積の算定や建物高さなどの基準となる「地盤面」とは、建物が接する周囲の地盤の高さを平均化した水平面のことをいう。ただし、道路斜線の場合は、地盤面ではなく道路中心線からの高さを基準とする[56頁]

図2 地面の高低差が3mを超える場合

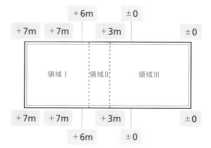

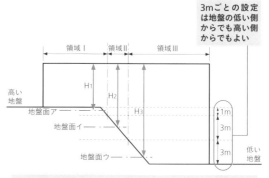

3mごとの設定は地盤の低い側からでも高い側からでもよい

上図の場合、最低点から3mごとに切り分け、領域Ⅰ、Ⅱ、Ⅲを設定する。その領域ごとに地盤面ア、イ、ウを算定し、それぞれの地盤面から建物高さH1、H2、H3を算出する

建物が接する周囲の地面の高低差が3mを超える場合は、その高低差3m以内ごとに領域を分け、その平均の高さにおける水平面をそれぞれ地盤面とみなす。上記写真では、領域を2つに分けて地盤面を算定している

図3 敷地内の垂直な段差に建物の一部が接する場合

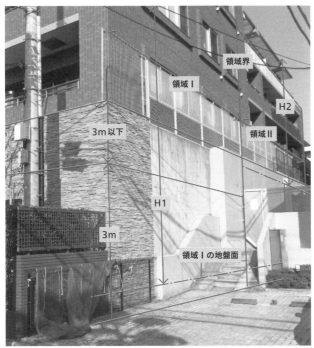

敷地に3mを超える垂直な段差があり、その垂直面に建物の一部が接する場合は、その接面で領域を2つに分けて、それぞれに地盤面を算定する

各領域で地盤面を算定する

敷地内の垂直な段差を領域界とする

建物を、低い地盤面に接する部分と高い地盤面に接する部分に切り分け、領域Ⅰ・Ⅱを設定する

図4 ひな壇状の敷地における地盤面

ひな壇状の敷地では、高低差が3m以内ごとに領域を設定する

領域Ⅲの地盤面

領域Ⅱの地盤面

領域Ⅰの地盤面

地盤面の算定を行う場合は、敷地の高低差が3m以上の場合は3mごとに領域分けを行うのが基本だが、写真のようなひな壇状の敷地の場合は3m以内で領域分けを行ってよい

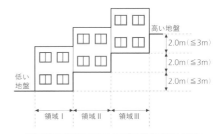

計画的に造成されたひな壇状の敷地で3mごとに領域を設定することが不合理な場合、高低差3m以内ごとに領域を設定する

ひな壇状の敷地の地盤面

傾斜地に建てられたひな壇状のマンション

図7 地階の判定

h≧1／3Hの場合は
地階とみなす

地階の天井高(H)

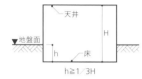

地盤面下にある
部分の高さ(h)

地階は延焼のおそれ
のある部分の対象と
はならないが地盤面
より上に出ている部
分は1階と同様に扱う
[85頁図2①]

床が地盤面下にある階で、床面から地盤面までの高さが当該階の天井高の1／3以上あれば地階とみなす[※2]

住宅や老人ホームの地階で地盤面から天井面までの高さが1m以下の場合、住宅全体の延べ面積の1／3を限度として、容積率対象の床面積から除くことができる

図5 盛土をしている場合の地盤面

意図的に盛土をしているので
地盤面は元の地盤面となる

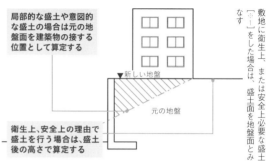

局部的な盛土や意図的
な盛土の場合は元の地
盤面を建築物の接する
位置として算定する

新しい地盤

元の地盤

衛生上、安全上の理由で
盛土を行う場合は、盛土
後の高さで算定する

敷地に衛生上、または安全上必要な盛土[※1]をした場合は、盛土面を地盤面とみなす

図8 切土をしている場合の地盤面

切土後の地盤面

擁壁

自動車車庫(地階)

擁壁

地階(車庫)

自動車車庫は敷地内にある建築物の床面積に対して、その1／5を限度に容積率不算入とすることができる[37頁]

切土した場合は、切土後の地盤面を建築物が周囲の地面と接する位置とする

図6 ドライエリアを設けた場合の地盤面

周壁

地盤面

地中梁で一体化された
ドライエリア

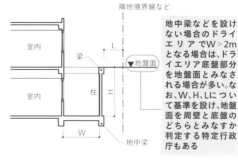

隣地境界線など

室内

梁

▼地盤面

室内

柱

地中梁

W

地中梁などを設けない場合のドライエリアでW＞2mとなる場合は、ドライエリア底盤部分を地盤面とみなされる場合が多い。なお、W、H、Lについて基準を設け、地盤面を周壁と底盤のどちらとみなすか判定する特定行政庁もある

地中梁で一体化されている場合は、ドライエリアの周壁の外側(周囲の地面と接する面)を地盤面とする

※1 敷地が道路より低い場合などで、排水や避難経路の確保に必要な範囲の盛土と考えられる。それ以外は意図的な盛土とみなされる
※2 地階の倉庫や機械室などで、建築物の建築面積の1／8以下のものは階数に算入されない[令第2条1項8号]

換気窓の立上り部分等、躯体からの突出で軽微なものは建築物の高さに不算入

図1 建築物の高さに算入されないもの（屋上突出物）

高架水槽は水平投影面積が建築面積の1/8以下であれば、道路斜線・隣地斜線において、高さ12mまで建築物の高さに算入しない

避雷針やアンテナなど、建築設備で軽微なものは、高さに不算入となる

▶ 軽微な突出物

▶ パラペット

棟飾、防火壁の屋上突出部その他これらに類する突出物は高さに算入しない［**令2条1項6号ハ**］。屋上突出物には、採光・換気窓・パイプ・ダクトスペースなどの立ち上がり部分、鬼瓦、装飾用工作物、箱棟、開放性の大きな手摺、避雷針、アンテナ、建築物と一体的な煙突、などが該当する

パラペットは屋上の周囲全体に設けられるものであり、高さに算入する

図2 建物の軒高を測定するときの注意点

❶ 小屋組がない場合

小屋組なし
軒高
地盤面

小屋組のない2階建て戸建住宅。高いほうの敷桁の上端が軒高

❷ 小屋組がある場合

小屋組あり
軒高
地盤面

小屋組がある2階建て戸建住宅。敷桁［※1］の上端が軒高

高いほうの敷桁の上端
軒高
▼地盤面

Column 構造別軒高の考え方

木造 和小屋［※2］・洋小屋［※3］ともに、敷桁の上端が軒高
S造 梁の上端が軒高
RC造 屋上のスラブ天端が軒高

敷桁の上端
束
梁
軒高
地盤面

※1　敷桁（柱の上部を連結し、小屋梁や根太などの端を受けて支える桁）
※2　和小屋（桁の軸組に直角に渡した小屋梁の上に束を立てて母屋を並べる構造）
※3　洋小屋（小屋組みに斜材を入れることで、水平方向に対して強い構造にしたもの。枠組壁工法［2×4］の木造建築などに用いられる）

図3 高さ制限ごとの建築物の高さ

❷ 道路斜線 [58·64頁]

昇降機塔
避雷針[※]（屋上突出物）
斜線勾配（商業地域では1.5）
1.5 / 1
高さの基点は道路中心高さ
道路中心線

道路斜線制限では、屋上部分は高さ12mまで建築物の高さに算入しない

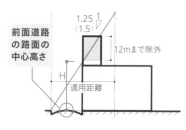

前面道路の路面の中心高さ
1.25 / 1 (1.5)
12mまで除外
H
適用距離

道路斜線制限は用途地域によらずすべての建築物に適用される高さ制限

❶ 絶対高さ制限 [69頁]

階段室
絶対高さ制限10m（12m）
地盤面
建築物の高さは地盤面から測る

絶対高さ制限では、屋上部分は高さ5mまで建築物の高さに算入しない

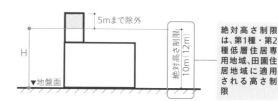

5mまで除外
H
絶対高さ制限10m（12m）
地盤面

絶対高さ制限は、第1種・第2種低層住居専用地域、田園住居地域に適用される高さ制限

❸ 隣地斜線 [65·68頁]

1 / 2.5
避雷針[※]（屋上突出物）
昇降機塔
斜線勾配（商業地域では2.5）
20mまたは31m

隣地斜線制限では、道路斜線制限と同様に、屋上部分の高さ12mまでの部分は建築物の高さに算入しない

高さに算入しない屋上部分とは

[令2条1項6号]

階段室、昇降機塔、装飾塔、屋窓その他これらに類する建築物の屋上部分で、水平投影面積の合計が建築面積の1/8以内のものをいう。屋上部分は高さ12m（絶対高さ制限、日影規制の場合は5m）まで建築物の高さに算入しない。ただし北側斜線、避雷設備、高度地区の斜線の場合には適用されない

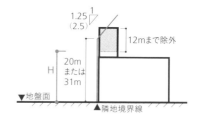

1.25 / 1 (2.5)
12mまで除外
H
20mまたは31m
地盤面
隣地境界線

隣地斜線制限は、第1種・第2種低層住居専用地域、田園住居地域以外の用途地域に適用される高さ制限

※ 高さ（この場合の高さは、建築物の高さに算入しない屋上部分や屋上突出物も含めた高さ）が20mを超える建築物には避雷設備（避雷針など）が必要

❺ 日影規制 [72～73頁]

階段室

H≦10m

地盤面

日影規制の対象高さ（10m）の算定では、屋上部分は高さ5mまで建築物の高さに算入しない

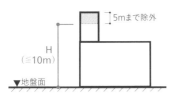

5mまで除外

H（≦10m）

▼地盤面

屋上部分を除いて算定した結果、建築物の高さが10mを超えて日影規制対象となった場合は、屋上部分も含め建築物のすべての部分が日影規制対象となるので、注意を要する

❹ 北側斜線 [69～71頁]

階段室

斜線勾配

1
1.25

隣地境界線（北側）

5m

北側斜線では、屋上部分はすべて建築物の高さに算入されるので、屋上部分も含めて斜線内に納まるよう計画する

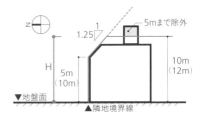

z

1
1.25

5mまで除外

H

5m（10m）

10m（12m）

▼地盤面

▲隣地境界線

北側斜線制限は、第1種・第2種低層住居専用地域、田園住居地域、日影規制の定められていない第1種・第2種中高層住居専用地域に適用される高さ制限。屋上部分は北側斜線内であれば5mまで絶対高さ制限を受けない

❻ 高度地区の高さ制限

隣地境界線（北側）

1
0.6

第1種高度地区の斜線（東京都）5m＋0.6L

北側斜線と同様の扱い。屋上部分を含めて高さに算入するので、斜線勾配の範囲内に屋上部分が納まるように計画を行う [写真提供：リオタデザイン]

建築物の高さの最高限度を定める高度地区内では、高度斜線や建築物の高さの限度など、北側斜線や絶対高さ制限と同様の高さ制限を受ける。東京都には、第1種～第3種高度地区が定められている。左写真は第1種高度地区内に建てられた戸建住宅

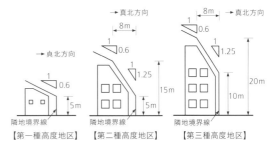

→真北方向

1
0.6

5m

隣地境界線

【第一種高度地区】

→真北方向

8m

1
0.6

1
1.25

15m

5m

隣地境界線

【第二種高度地区】

8m
→真北方向

1
0.6

1
1.25

20m

10m

隣地境界線

【第三種高度地区】

高度地区の北側斜線制限では屋上部分はすべて建築物の高さに算入されるが、高度地区の絶対高さ制限では屋上部分の緩和措置が自治体により異なる。なお高度地区の北側斜線制限については天空率の適用ができないことに注意

道路斜線

1 道路斜線の算定方法

図1 道路斜線は前面道路の反対側から

❶ 商業系地域の場合（勾配は1.5）

道路斜線の適用距離（商業地域では20～50m。敷地の許容容積率によって決まる）

斜線勾配
（商業地域では1.5）

前面道路の反対側
（歩道を含む）

道路境界線

道路中心線

商業地域にあるビル。道路斜線の影響を受けている。許容容積率が400%以下なので斜線の適用範囲は前面道路の反対側から20m

❷ 住居系地域の場合（勾配は1.25または1.5）[※]

斜線勾配
（第1種住居地域では1.25または1.5）

開放性の高い手摺は道路斜線の対象とはならない

前面道路の反対側

道路中心線

道路境界線

第1種住居地域にある共同住宅。道路斜線の影響を受けている。開放性の高い縦格子状の手摺は道路斜線の対象とはならない

道路斜線は、前面道路の反対側の境界線から建築物の敷地に向かって一定の勾配（1.25または1.5）の斜線を引き、この斜線の内側の範囲に建築物の高さを制限するもの。斜線制限の適用は道路の反対側の境界線から一定の距離の範囲に限られ（適用距離）、これを超える範囲では道路斜線は適用されない

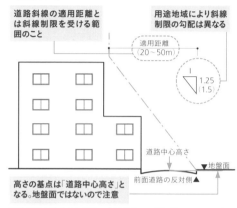

道路斜線の適用距離とは斜線制限を受ける範囲のこと

用途地域により斜線制限の勾配は異なる

適用距離（20～50m）

1.25（1.5）

道路中心高さ

地盤面

前面道路の反対側▲

高さの基点は「道路中心高さ」となる。地盤面ではないので注意

隣地斜線や絶対高さ制限、北側斜線、日影規制にかかわる建築物の高さの基点は地盤面だが、道路斜線のみ「前面道路の路面の中心」が基点となる[56・57頁・下表]

表 道路斜線の適用距離と勾配

用途地域	適用距離と容積率（V）[%]	勾配
第1種低層住居専用地域	20m（V≦200） 25（20）m（200<V≦300）	1.25
第2種低層住居専用地域	30（25）m（300<V≦400） 35（30）m（400<V）	
第1種中高層住居専用地域 第2種中高層住居専用地域 田園住居地域 第1種住居地域 第2種住居地域 準住居地域		1.25 または 1.5[※]
近隣商業地域 商業地域	20m（V≦400） 25m（400<V≦600） 30m（600<V≦800） 35m（800<V≦1,000） 40m（1,000<V≦1,100） 45m（1,100<V≦1,200） 50m（1,200<V）	1.5
準工業地域 工業地域 工業専用地域	20m（V≦200） 25m（200<V≦300） 30m（300<V≦400） 35m（400<V）	
高層住居誘導地区内で、住宅部分≧2／3×全体延べ面積	35m	1.5
用途地域の指定のない区域	20m（V≦200） 25m（200<V≦300） 30m（300<V）	1.25 または 1.5[※]

※ 特定行政庁が都市計画審議会の議を経て決定する

※ 第1種・第2種中高層住居専用地域、第1種・第2種住居地域、準住居地域で前面道路の幅員が12m以上ある場合、前面道路の反対側からの水平距離が前面道路幅員の1.25倍以上となる区域内は、斜線勾配が1.5となる[法56条3項・4項] また、第1種・第2種住居地域、準住居地域、準工業地域の高層住居誘導地区内の建築物で、住宅部分面積≧（延べ面積×2／3）であるものは、斜線勾配が1.5となるほか、適用距離が35mとなる[法別表3]

2 道路斜線の緩和

図1 前面道路からセットバックした場合の道路斜線の緩和 (後退緩和) ［法56条2項・令130条の12・法別表3］

前面道路からセットバックしたことによって適用距離の範囲外となり道路斜線の影響を回避できた共同住宅。セットバックしていない隣のビルは制限の影響を受けている

- セットバックした共同住宅
- 緩和部分
- 道路斜線の適用距離 (商業地域では20〜50m)
- セットバックしていないビル
- 道路斜線の勾配 (商業地域では1.5)
- セットバックした部分に建築できるもの (玄関ポーチ、[61頁図5②])
- 前面道路の反対側
- 後退距離

共同住宅の形状が変形しているのは隣地斜線の影響 [65頁]

セットバックした共同住宅とセットバックしていないビルの敷地境界線部分

適用距離 (20〜50m)

道路境界線

前面道路からセットバックすれば道路斜線の影響を回避することが可能

後退距離

地盤面

a 道路幅員 a

道路から建物を後退して建てた場合、後退距離 (a) の分だけ外側の線を前面道路の反対側の境界線とみなして道路斜線を検討できる。セットバック部分には原則として建築できないが、一定の条件を満たすものは建築可能 [61頁]

図2 敷地が道路より高い場合の緩和 (高低差緩和) ［令135条の2］

- 緩和後の道路斜線
- 道路斜線の勾配 (商業地域では1.5)
- 緩和を受けない場合の道路斜線
- $\frac{(H-1m)}{2}$ のライン (道路斜線の基準線)
- 地盤面
- H (1m以上)
- 前面道路の反対側
- 道路中心線

敷地の地盤面が道路よりも1m以上高い戸建住宅。道路斜線の影響は受けていない

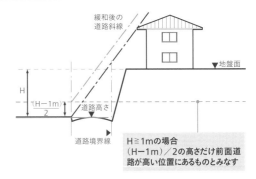

緩和後の道路斜線

地盤面

H

$\frac{(H-1m)}{2}$

道路高さ

道路境界線

H≧1mの場合 $(H-1m)／2$ の高さだけ前面道路が高い位置にあるものとみなす

敷地と道路に高低差がある場合の後退距離

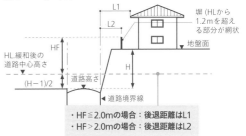

L1
L2

塀 (HLから1.2mを超える部分が網状

地盤面

HF

HL.緩和後の道路中心高さ

H

道路高さ

$(H-1)/2$

道路境界線

・HF≦2.0mの場合：後退距離はL1
・HF>2.0mの場合：後退距離はL2

図3 公園などがある場合の道路斜線の緩和 (公園・水面緩和)　　　　　［令134条第1項］

公園がある場合は公園の反対側に道路境界線があるとみなす

緩和部分

緩和を受けない場合の道路斜線

1 / 1.5

公園

商業地域

前面道路の反対側

道路中心線

道路境界線

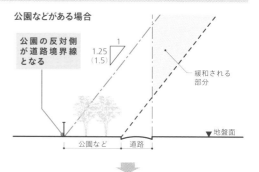

公園などがある場合

公園の反対側が道路境界線となる

1.25 (1.5) / 1

緩和される部分

▼地盤面

公園など　　道路

建築物をセットバックさせた場合

建築物をセットバックさせた場合は、さらにその分だけ「みなしの道路境界線」が後退する

L　公園など

道路

L　建築物

前面道路の反対側に公園がある場合にみなされる道路境界線

前面道路の反対側に公園・広場・水面などがある場合は、公園の反対側までを道路幅員とみなす。共同住宅は道路斜線の影響を受けていない

図4 水路・川などがある場合の道路斜線の緩和 (公園・水面緩和)　　　　　［令134条第1項］

緩和後の道路斜線

緩和部分

第1種住居地域

1 / 1.25 (1.5)

緩和を受けない場合の道路斜線

道路境界線

道路中心線

前面道路の反対側

水路

水路がある場合は水路の反対側に道路境界線があるとみなす

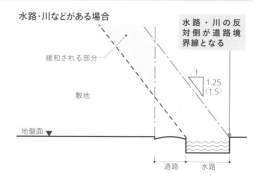

水路・川などがある場合

水路・川の反対側が道路境界線となる

緩和される部分

敷地

1.25 (1.5) / 1

地盤面▼

道路　水路

2以上の前面道路で水路・川などがある場合の例

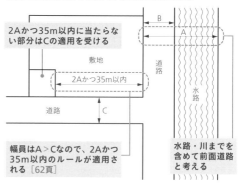

2Aかつ35m以内に当たらない部分はCの適用を受ける

敷地

2Aかつ35m以内

道路

C

道路

B

A

道路

水路

幅員はA＞Cなので、2Aかつ35m以内のルールが適用される［62頁］

水路・川までを含めて前面道路と考える

前面道路の反対側に水路がある場合は、水路の反対側までを道路幅員とみなす。左側の共同住宅については道路斜線が緩和されている

図5 セットバック部分には原則建築不可だが、以下のものは建築可能（後退緩和） ［令130条の12］

❶ 物置などが建てられる条件

隣地境界線
物置の長さ（A）
軒高≦2.3m
床面積≦5㎡
敷地の長さ（S）
道路中心高さ
A≦S／5

道路からの後退距離≧1m
軒高≦2.3m
道路境界線
歩道

セットバック部分には物置が建築可能。ただし、道路境界線から1m以上セットバックさせる、敷地の長さ（前面道路に面する部分）に対する物置の長さを1／5以下とする、などの条件をクリアする必要がある

5㎡以内
1m以上
後退距離L
建物
平面図

・床面積≦5㎡・軒高≦2.3m
・間口率A／S≦1／5
・道路からの後退距離≧1m

1m以上
2.3m以内
[＊]
後退距離L
L
立面図
＊ 道路中心高さを基点とする

❷ 玄関ポーチなどが建てられる条件

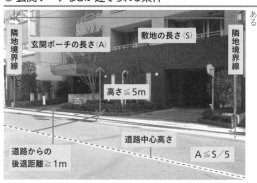

隣地境界線
玄関ポーチの長さ（A）
敷地の長さ（S）
隣地境界線
高さ≦5m
道路からの後退距離≧1m
道路中心高さ
A≦S／5

セットバックした部分に建築する玄関ポーチは高さ5m以下にするなどの条件を満たす必要がある

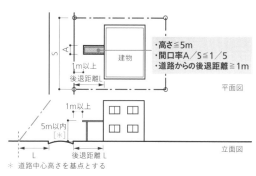

1m以上
後退距離L
建物
・高さ≦5m
・間口率A／S≦1／5
・道路からの後退距離≧1m
平面図

1m以上
5m以内
[＊]
L
後退距離L
立面図
＊ 道路中心高さを基点とする

❸ 前面道路に沿って門・塀などが建てられる条件

門柱
（高さ2m以下）
1.2mを超える部分は網状フェンス
塀
（高さ2m以下）
道路中心高さ

セットバックした部分に建築する門・塀の高さは2m以下とする。1.2mを超える部分は網状フェンスにする必要がある（植栽には制限はない）

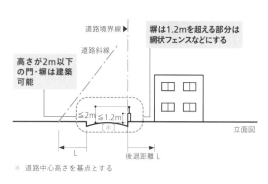

道路境界線▶
道路斜線
塀は1.2mを超える部分は網状フェンスなどにする
高さが2m以下の門・塀は建築可能
≦2m ≦1.2m
[＊]
L
後退距離L
立面図
＊ 道路中心高さを基点とする

❹ 1.2m以下の建築物の部分

建築物の部分は高さ1.2m以下とする
地階への入り口
道路中心高さ

セットバック部分には、地階への入り口など、高さ1.2m以下の建築物は建築可能

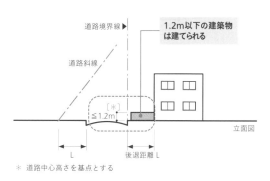

道路境界線▶
道路斜線
1.2m以下の建築物は建てられる
[＊]
≦1.2m
L
後退距離L
立面図
＊ 道路中心高さを基点とする

図1 幅員の異なる2以上の道路に接する場合（2A緩和） ［令132条］

幅員の異なる2以上の道路に面する敷地の場合、幅員の最大の道路からその幅員の2倍かつ35m以内の区域、およびその他の前面道路の中心線から10mを超える区域については、前面道路は幅員の最大な前面道路と同じ幅員を有するものとみなされる

2Aかつ35m以内の部分

道路B（幅員小）

道路A（幅員大）

商業地域

狭い道路の斜線を受ける部分はセットバックさせている

適用距離は10m

2Aかつ35m以内からはずれた部分

2Aかつ35mの部分。広い道路による斜線制限を受ける

適用距離は10m

前面道路の反対側

2Aかつ35m以内からはずれた部分では道路斜線が厳しくなるため、対象部分をセットバックさせる建物が多い

2Aかつ35m以内の部分では狭い道路による斜線制限を受けない

①平面図

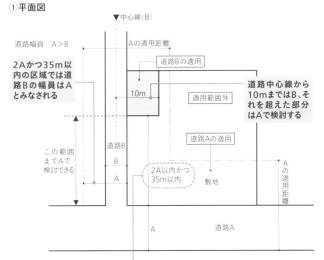

道路幅員　A＞B

2Aかつ35m以内の区域では道路Bの幅員はAとみなされる

▼中心線（B）

Aの適用距離

道路Bの適用

10m

適用範囲外

道路中心線から10mまではB、それを超えた部分はAで検討する

道路Aの適用

2A以内かつ35m以内

敷地

道路B

B

A

A

Aの適用距離

この範囲までAで検討できる

A

道路A

②アイソメ図

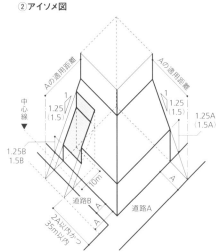

道路幅員Aが17.5mを超える場合は、道路Aによる斜線制限の範囲は35mまで。Aが17.5m以下の場合は、範囲は道路幅員Aを2倍した数値までとなる（例：A＝10mの場合は2A＝20m）

図2 2以上の用途地域にまたがる場合の道路斜線　［法別表3備考・令130条の11］

敷地が2以上の用途地域にまたがる場合、斜線勾配はそれぞれの用途地域の制限を受けるが、適用距離は前面道路に接する用途地域の適用距離となる

2以上の用途地域がそれぞれ前面道路に接する場合は、それぞれの適用距離・斜線勾配の制限を受ける。左の場合は第2種住居地域の部分が斜線の影響を受けた形態となっている

① 2以上の用途地域にまたがる場合

敷地が異なる2以上の用途地域にまたがる場合、斜線勾配はそれぞれの用途地域の制限を受けるが、適用距離は前面道路に接する用途地域の適用距離となる。適用距離の元となる敷地の容積率は、用途地域ごとの容積率を加重平均して算定する

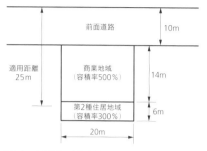

計算式　商業地域の容積率が500％、
　　　　第2種住居地域の容積率が300％の場合
　　　　（500×14×20＋300×6×20）÷（20×20）＝440％
　　　　商業地域の適用距離は、敷地の容積率が440％の場合
　　　　25mとなる［58頁］ので、この敷地の適用距離は
　　　　第2種住居地域部分も含め25mとなる

② 2以上の用途地域が敷地の前面道路に接する場合

斜線勾配は、それぞれの用途地域の制限となるため、商業地域は1.5、第2種住居地域は1.25または1.5となる。適用距離は、元となる容積率を①と同様に加重平均して算定すると450％となるので、商業地域部分は25m、第2種住居地域部分は35mとなる

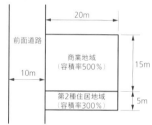

③ 2以上の前面道路に接する場合（道路の幅員は同じ）

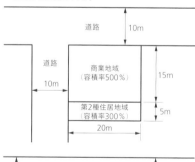

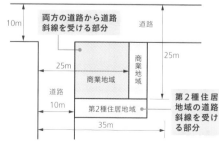

図3 2以上の用途地域にまたがるほか、幅員の異なる2以上の前面道路に接する場合

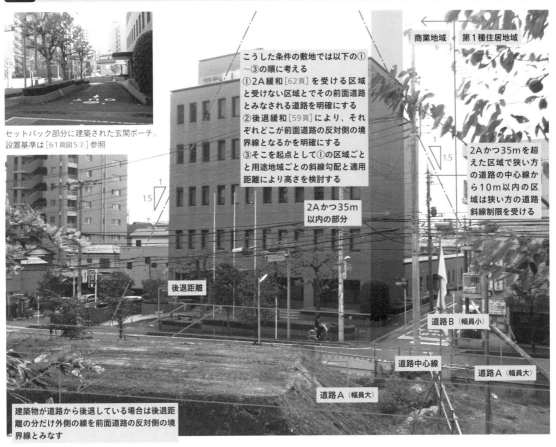

セットバック部分に建築された玄関ポーチ。
設置基準は[61頁図5②]参照

こうした条件の敷地では以下の①
～③の順に考える
①2A緩和[62頁]を受ける区域
と受けない区域とでその前面道路
とみなされる道路を明確にする
②後退緩和[59頁]により、それ
ぞれどこが前面道路の反対側の境
界線となるかを明確にする
③そこを起点として①の区域ごと
と用途地域ごとの斜線勾配と適用
距離により高さを検討する

2Aかつ35m
以内の部分

商業地域　第1種住居地域

2Aかつ35mを超
えた区域で狭い方
の道路の中心線か
ら10m以内の区
域は狭い方の道路
斜線制限を受ける

後退距離

道路B（幅員小）

道路中心線

道路A（幅員大）

道路A（幅員大）

建築物が道路から後退している場合は後退距
離の分だけ外側の線を前面道路の反対側の境
界線とみなす

幅員の異なる2以上の前面道路に接する場合
（2A緩和[62頁]と後退緩和[59頁]を適用）

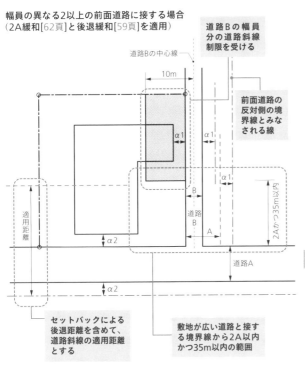

道路Bの幅員
分の道路斜線
制限を受ける

前面道路の
反対側の境
界線とみな
される線

セットバックによる
後退距離を含めて、
道路斜線の適用距離
とする

敷地が広い道路と接す
る境界線から2A以内
かつ35m以内の範囲

適用距離10m

第1種住居地域

道路B

道路中心線

用途地域をまたぐ場合（図3の例）

それぞれの用途地域ご
との斜線勾配と適用距
離により道路斜線制限
を受ける

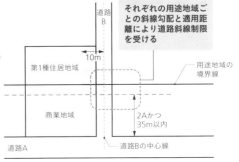

第1種住居地域

用途地域の
境界線

商業地域

2Aかつ
35m以内

道路A

道路Bの中心線

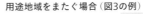

隣地斜線

1 隣地斜線の算定方法

図1 隣地斜線は高さ20m（31m）から

[法56条1項2号]

隣地斜線制限は隣地境界線を基点として、下表の立上り高さ＋勾配による斜線により規制される。第1種・第2種低層住居専用地域、田園住居地域内では絶対高さ制限[69頁]を受けているため適用されない

❶ 商業系地域の場合（勾配は2.5）

隣地斜線は地盤面からの高さで算定する

31m

1
2.5

商業地域に建てられたビル。高さ31mを超える部分では、隣地斜線制限を受ける。斜線勾配は2.5

表 隣地斜線の立上り高さと勾配

用途地域	立上りの高さ	勾配
第1種・第2種中高層住居専用地域、第1種・第2種住居地域、準住居地域	20m	1.25
	31m [＊]	2.5 [＊]
近隣商業地域、商業地域、準工業地域、工業地域、工業専用地域	31m	2.5
高層住居誘導地区内で、住宅部分≧2／3×全体延べ面積		
用途地域の指定のない区域	20m	1.25
	31m [＊]	2.5 [＊]

＊ 特定行政庁が都市計画審議会の議を経て指定する

・住居系用途地域

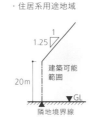

・住居系以外の用途地域

Column 敷地が線路と接する場合の隣地斜線

隣地境界線とみなす線

20m
（第1種住居地域）

1
1.25

線路敷

線路敷の中心

地盤面

敷地が線路敷に接する場合は、線路敷を「公園、広場、水面その他これらに類するもの」と扱い、隣地境界線は線路敷の幅の1／2だけ外側にあるものとみなされる。また線路敷は道路斜線の場合も公園等と同様に緩和される。

なお線路敷のうちプラットホーム部分は線路部分と同様に緩和されるが、駅舎や駅舎の建築予定がある部分は緩和されない

鉄道に隣接する場合の隣地斜線

線路敷

線路敷の中心が隣地境界線とみなされる

建築物

1.25（2.5）
1

緩和前の隣地斜線

線路敷による緩和後の隣地斜線

20m 31m

線路敷

地盤面

隣地境界線

建築物

2 隣地斜線の緩和

図1 セットバックによる隣地斜線の緩和（後退距離）
[法56条1項2号]

31m（商業地域）

高さ20m（31m）を超える部分にバルコニーがある場合は、その先端から隣地境界線までの水平距離を後退距離とみなす

セットバックした部分（高さ20mまたは31mを超える部分の外壁面の最小後退距離）

隣地境界線

隣地境界線

地盤面

商業地区にあるビル。左手前の部分は隣のビルに隣接しているので、隣地斜線の影響を受けているが、右奥については隣地境界線からセットバックしているので斜線制限がかからない

住居系地域では20m、その他の地域では31mを超える高層部分が、隣地境界線から後退している場合は、その後退している水平距離の分だけ、隣地境界線が外側にあるものとみなす

① 平面図

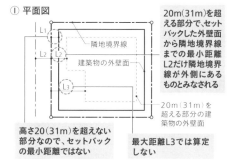

L1
L2
L2
隣地境界線
建築物の外壁面
L3

20m（31m）を超える部分で、セットバックした外壁面から隣地境界線までの最小距離L2だけ隣地境界線が外側にあるものとみなされる

20m（31m）を超える部分の建築物の外壁面

高さ20（31m）を超えない部分なので、セットバックの最小距離ではない

最大距離L3では算定しない

② 立面図

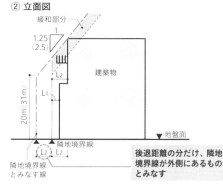

緩和部分
1
1.25
(2.5)
建築物
L2
L1
20m(31m)
地盤面
隣地境界線
L2
L2
隣地境界線
隣地境界線とみなす線

後退距離の分だけ、隣地境界線が外側にあるものとみなす

図2 敷地が隣地よりも低い場合の緩和（高低差緩和）
[令135条の3第1項2号]

緩和後の隣地斜線

31m（商業地域）

緩和を受けない場合の隣地斜線

地盤面は（H−1m）／2で算定する

高低差は1m以上必要

商業地区にある共同住宅。建物の敷地の地盤面が隣地の地盤面よりも低いので、隣地斜線が緩和されている

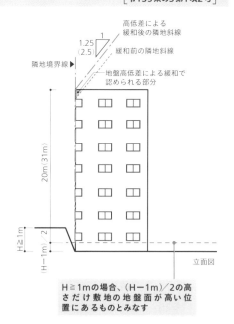

高低差による緩和後の隣地斜線
1
1.25
(2.5)
緩和前の隣地斜線
隣地境界線
地盤高低差による緩和で認められる部分
20m(31m)
H≧1m
(H−1m)／2
立面図

H≧1mの場合、（H−1m）／2の高さだけ敷地の地盤面が高い位置にあるものとみなす

066

図3 水路による隣地斜線の緩和（公園・水面緩和）　　　　　　　　　　　　　　［令135条の3第1項1号］

part
4
高さ

❶ 水路による隣地斜線の緩和（基本）

隣地境界線

1.25
(2.5)　　1

緩和後の
隣地斜線

緩和を受けない
場合の隣地斜線

20m（第1種住居地域）

水路幅の1／2だけ
境界線が外にある
とみなす

隣地境界とみなす線
（水路の中心線）

水路

公園、河川などによる
緩和で認められる部分

公園、河川などによる
緩和後の隣地斜線

緩和前の
隣地斜線

1.25
(2.5)　　1

隣地境界線とみなす線
（水路などの中心線）

20m（31m）

▼地盤面

水路　　隣地境界線　　立面図

W／2　　W／2
W

水路の中心線が隣地境界線とな
れば、建物は水路幅の1／2だけ
セットバックしていることにな
る。結果的に隣地斜線は、水路
の外側が起点となる

W：水路、公園などの幅

敷地が水路に接する場合は、隣地境界線がその幅の1／2だけ外側にあるものとみなす。
公園や広場などについても同様

❷ 建物がセットバックしている場合（公園・水路緩和＋後退緩和）

2.5　　1

緩和後の
隣地斜線

緩和を受けない
場合の隣地斜線

31m
（準工業地域）

限隣地境界とみなす線
（水路の中心線）

後退距離

隣地
境界
線

水路による
緩和のみの
隣地斜線

水路

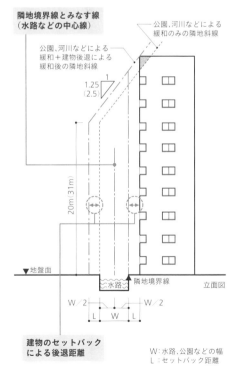

隣地境界線とみなす線
（水路などの中心線）

公園、河川などによる
緩和のみの隣地斜線

公園、河川などによる
緩和＋建物後退による
緩和後の隣地斜線

1.25
(2.5)　　1

20m（31m）

▼地盤面

水路　　隣地境界線　　立面図

W／2　　W／2
L　W　L

建物のセットバック
による後退距離

W：水路、公園などの幅
L：セットバック距離

建物がセットバックしている場合は、後退部分の距離が加算されるので、斜線制限が
さらに緩和される

3 複雑な条件下での隣地斜線

図 敷地が2以上の地域等にまたがる場合の隣地斜線

北側が日影規制を受けない商業地域のため、高さ制限・建蔽率・容積率の限度までを使った建築物となっている。そのため、隣地斜線の影響が建物の形状に現れている

住居系以外の地域（商業地域）

住居系の地域

建築物の敷地が2以上の用途地域等にわたる場合は、建築物の各部分の高さはその部分が属する用途地域の制限を受ける。この写真の建物のように、隣地斜線の基点となる位置、斜線勾配が異なるケースがある

①隣地側が住居系用途地域の場合

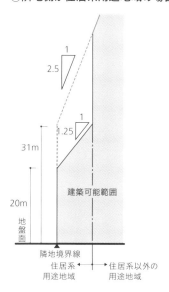

②隣地側が住居系以外の用途地域の場合

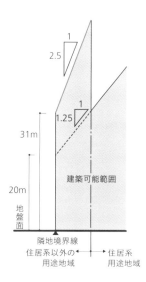

建築物の敷地が2以上の地域等にわたる場合においては、建築物の各部分の高さはその部分が属するそれぞれの地域等の制限を受ける［法56条5項］

Column 基点の高さはなぜ31（20）m?

大正時代に制定された市街地建築物法を引き継いだ建築基準法の高さ制限が昭和45年に廃止された際に、それらの制限を超えて建てられる高層部分の通風や採光、秩序を守るために隣地斜線は導入された。基準となる高さが20mや31mとされているのは、市街地建築物法で住居系の用途地域では、高さの限度が65尺、住居系以外の地域では、高さの限度が100尺と定められていたため。メートル法に換算すると65尺は20m、100尺は31mとなる。

かつての高さ制限が残る街並み

絶対高さ制限・北側斜線

1 絶対高さ制限 ［法55条］

絶対高さ制限とは、低層住居専用地域や田園住居地域で一律にかけられる規制

❶ 第1種低層住居専用地域は3階以下が原則

10m（12m）以下

10m（12m）以下

絶対高さ制限における建築物の高さは地盤面を基準とする［80頁］

地盤面

第1種低層住居専用地域の街並。建築物の高さが制限されており、3階建て以下（多くは2階建て）の住宅が立ち並ぶ。3階建ては日影規制［72頁］の対象となり、避ける傾向がある

❷ 高さ制限が12mなら4階建ても可能。ただし日影規制を受ける

地上4階の共同住宅

10m（12m）以下

盛土部分

地盤面

第2種低層住居専用地域に建てられた共同住宅。高さ制限が12mの場合は、4階建てが可能である

図 絶対高さ制限と緩和（H＝建築物の高さ）

[絶対高さ制限]

| 対象地域 | 第1種低層住居専用地域 第2種低層住居専用地域 田園住居地域 | $H \leqq 10m$ または $H \leqq 12m$ ［＊1］ |

[緩和条件]いずれも特定行政庁の認定や許可が必要

| 緩和条件①（すべて満たす）［＊2］ □ 敷地面積≧1,500㎡ □ 空地率［＊3］≧1−建蔽率＋1／10 | $H \leqq 12m$ ［＊5］ |

| 緩和条件②（すべて満たす）［＊2］ □ 地上階数≦3 □ 住宅・共同住宅・兼用住宅 □ 軒高≦10m □ 認定基準に適合 | $H \leqq 12m$ ［＊5］ （昭59住街発35号） |

| 緩和条件③［＊4］ □ 敷地の周囲に広い公園・広場・道路その他の空地のある建築物 | 絶対高さ制限を緩和 |

| 緩和条件④［＊4］ □ 学校そのほかの建築物 | 絶対高さ制限を緩和 |

＊1　10mか12mかは都市計画で定める
＊2　特定行政庁が認定したもの
＊3　敷地面積に対する空地面積の割合
＊4　特定行政庁が許可したもの
＊5　H≦10mと定められた区域で緩和

都市計画で高さ制限が10mと定められた区域

都市計画で高さ制限が12mと定められた区域

建築物 10m

建築物 12m

▽GL

絶対高さ制限における高さは地盤面を基準とする

第1種・2種低層住居専用地域、田園住居地域内の建築物は、絶対高さ制限のほかに、道路斜線、北側斜線、日影規制の制限を受けるが、隣地斜線制限は受けない［65頁］

注　第1種・第2種低層住居専用地域および田園住居地域では、都市計画で敷地境界線から外壁までの後退距離（1mまたは1.5m）が定められている場合、外壁をその距離だけ後退させる必要がある［法54条］

2 北側斜線制限の算定方法

北側斜線は真北方向の敷地境界線を起点に立上り高さ＋勾配の斜線で規制される

図1 北側斜線を算定する際の基本 ［法56条1項3号］

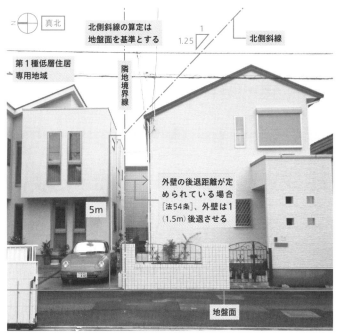

北側斜線の算定は地盤面を基準とする

北側斜線

第1種低層住居専用地域

隣地境界線

外壁の後退距離が定められている場合［法54条］、外壁は1（1.5m）後退させる

5m

地盤面

第1種低層住居専用地域内の2階建て戸建て住宅。北側斜線制限をクリアする屋根勾配としている

表 北側斜線制限の対象と制限内容 ［※］

用途地域	制限内容
第1種低層住居専用地域	5m+1.25×L［*］
第2種低層住居専用地域	
第1種中高層住居専用地域	10m+1.25×L［*］
第2種中高層住居専用地域	

* L：建築物から真北方向の前面道路の反対側の境界線までの距離（L_1）、または隣地境界線までの距離（L_2）

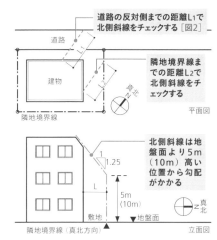

道路の反対側までの距離L1で北側斜線をチェックする ［図2］

道路

建物

隣地境界線までの距離L2で北側斜線をチェックする

隣地境界線

平面図

北側斜線は地盤面より5m（10m）高い位置から勾配がかかる

敷地

5m（10m）

隣地境界線（真北方向）

地盤面

立面図

図2 敷地北側に道路がある場合 ［法56条1項3号］

真北

第1種低層住居専用地域

北側斜線

道路斜線

前面道路の反対側の境界線

道路境界線

敷地北側に道路がある場合は前面道路の反対側の境界線が斜線の起点となる。道路斜線も同時に適用され、一般的には道路斜線のほうが厳しく、その制限を受けることが多い

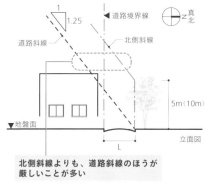

道路境界線

道路斜線

北側斜線

5m（10m）

地盤面

L

立面図

北側斜線よりも、道路斜線のほうが厳しいことが多い

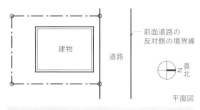

建物

前面道路の反対側の境界線

道路

真北

平面図

敷地北側が道路に接する場合は、敷地と反対側の道路境界線を斜線の起点とする

※ 第1種・第2種中高層住居専用地域では、日影規制の対象区域に指定されている場合は、北側斜線を適用しない

070

図3 敷地の北側が水路に接する場合の緩和（水面・線路敷緩和）　　［令135条の4］

第2種低層住居専用地域

緩和後の北側斜線制限

第1種低層住居専用地域

緩和後の道路斜線制限

道路境界線

水路の中心線が前面道路の反対側の境界線とみなされる。道路斜線の場合は水路の反対側の境界線が道路境界線とみなされる

北側の隣地境界線や北側道路の反対側に水路や線路敷などがある場合は、その幅の1／2だけ外側が隣地境界線や前面道路の反対側の境界線とみなされる。道路斜線や隣地斜線と異なり公園・広場の場合は緩和されないので注意が必要

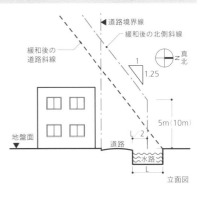

道路境界線
緩和後の北側斜線
緩和後の道路斜線
真北
1.25
5m（10m）
地盤面
道路
水路
立面図

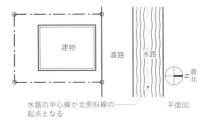

建物
道路
水路
真北
平面図

水路の中心線が北側斜線の起点となる

北側の隣地境界線や北側道路の反対側に水路や線路敷などがある場合は、その幅の1／2だけ外側が斜線の起点となる。水路の反対側を起点とする道路斜線とは異なるので注意

Column　第1種・第2種中高層住居専用地域の北側斜線

真北

第1種・第2種中高層住居専用地域は日影規制の対象区域に指定されている場合は、北側斜線が適用されない［法56条1項3号］

高さ10m以上の建築物

北側斜線ではなく、日影規制の影響を受けた部分

高低差が1m以上

日影規制でも斜線制限と同様に高低差緩和が受けられる［72頁］

第2種中高層住居専用地域内の高さ10m以上の共同住宅。日影規制が定められているため北側斜線制限を受けていない。ほとんどの第1種・第2種中高層住居専用地域は日影規制が定められており、北側斜線制限が適用されることは少ない

図4 敷地が隣地より低い場合の緩和（高低差緩和）　　［令135条の4］

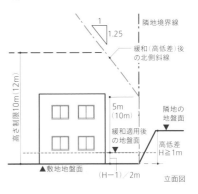

隣地境界線
緩和（高低差）後の北側斜線
1.25
高さ制限10m（12m）
5m（10m）
緩和適用後の地盤面
隣地の地盤面
敷地地盤面
高低差H≧1m
（H－1）／2m
立面図

建物
真北
平面図

敷地地盤面が北側隣地（北側が道路の場合は道路の反対側の隣接地）より1m以上低い場合、その敷地の地盤面は、高低差から1mを差し引いたものの1／2だけ高い位置にあるものとみなされる

日影規制

図1 日影規制の算定方法

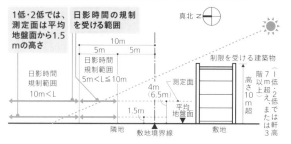

真北

隣地境界線
10m
5m
5m

日影時間の規制を受ける範囲

高さ10m超

制限を受ける建築物

測定面

4m (6.5m)

平均地盤面

近隣商業地域にある高さ10m超の共同住宅。日影規制が適用される

日影規制は近隣の日照を確保するため、建築物が生じさせる日影時間を規制するもの。平均地盤面から一定の高さの水平面を測定面とし、冬至日の8時から16時の間に敷地からの水平距離（5m）を超える範囲に生じる日影が一定時間以上とならないよう制限される

表 日影規制の対象と規制内容 [*1]

測定水平面の高さや規制時間は、地方公共団体が下表から選択して条例で指定する

用途地域	対象建築物	測定水平面の高さ[*2]	区分	隣地境界線からの水平距離＝L (m) $5 < L \leqq 10$	$L > 10$
1低層 2低層 無指定区域イ	軒高>7m または 地上階数 ≧3	1.5m	①	3h(2h)	2h(1.5h)
			②	4h(3h)	2.5h(2h)
			③	5h(4h)	3h(2.5h)
1中高 2中高 無指定区域ロ	高さ >10m	4m または 6.5m	①	3h(2h)	2h(1.5h)
			②	4h(3h)	2.5h(2h)
			③	5h(4h)	3h(2.5h)
1種住居 2種住居 準住居 近隣商業 準工業	高さ >10m	4m または 6.5m	①	4h(3h)	2.5h(2h)
			②	5h(4h)	3h(2.5h)

＊1 商業地域、工業地域、工業専用地域では制限されない
＊2 平均地盤面からの高さ
＊3 冬至日の真太陽時8：00〜16：00における日影時間。北海道区域は9：00〜15：00における（ ）内の時間

1低・2低では、測定面は平均地盤面から1.5mの高さ

真北 z

10m
5m
5m

制限を受ける建築物

日影時間の規制を受ける範囲

日影時間規制範囲
5m<L≦10m

日影時間規制範囲
10m<L

測定面

4m (6.5m)

1.5m

平均地盤面

高さ10m超（1低・2低では7Iえ、または軒3高）

隣地　敷地境界線　敷地

図2 隣地が敷地より1m以上高い場合の緩和 （高低差緩和）

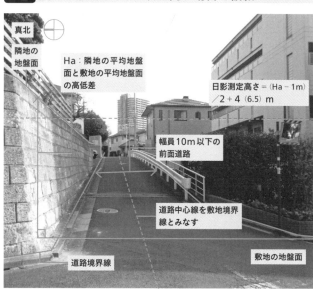

真北

隣地の地盤面

Ha：隣地の平均地盤面と敷地の平均地盤面の高低差

日影測定高さ＝(Ha−1m)／2＋4 (6.5) m

幅員10m以下の前面道路

道路中心線を敷地境界線とみなす

道路境界線

敷地の地盤面

敷地の高低差緩和と、敷地が道路に接する場合の緩和を受けている事例

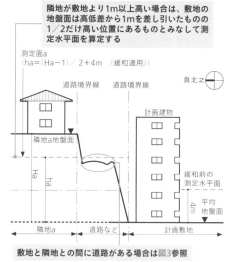

隣地が敷地より1m以上高い場合は、敷地の地盤面は高低差から1mを差し引いたものの1／2だけ高い位置にあるものとみなして測定水平面を算定する

測定面a
(ha＝(Ha−1)／2＋4m （緩和適用）)

道路境界線　道路境界線

真北 z

計画建物

隣地a地盤面

Ha　ha

緩和前の測定水平面

平均地盤面

4m

隣地a　道路など　計画敷地

敷地と隣地との間に道路がある場合は図3参照

注 地域によっては高低差のある地盤面について、規則・細則により別途定めている場合がある

図3 敷地が道路に接する場合の緩和（道路・水面・線路敷緩和） ［令135条の12］

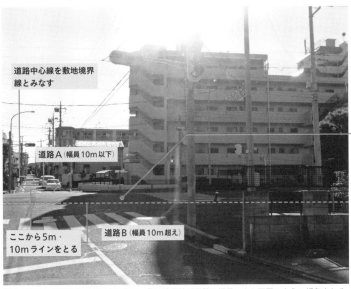

道路中心線を敷地境界線とみなす

道路A（幅員10m以下）

ここから5m・10mラインをとる

道路B（幅員10m超え）

別の角度から見た場合

真北

反対側の道路境界から5m内側を道路境界線とみなす

反対側の道路境界線

道路B（幅員10m超え）

道路の幅員が10mを超える場合は、反対側の隣地境界から5m内側を隣地境界線とみなす

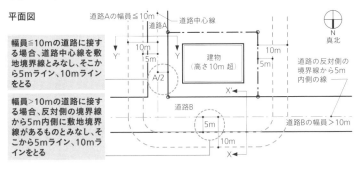

敷地と道路との間に道路がある場合は、敷地境界線が道路の幅員により下図のように緩和される。道路のほか水面、線路敷も同様の扱いとなるが、公園は緩和の対象とならない

平面図

道路Aの幅員≦10m
道路A
道路中心線
真北

幅員≦10mの道路に接する場合、道路中心線を敷地境界線とみなし、そこから5mライン、10mラインをとる

建物（高さ10m超）

道路の反対側の境界線から5m内側の線

幅員>10mの道路に接する場合、反対側の境界線から5m内側に敷地境界線があるものとみなし、そこから5mライン、10mラインをとる

道路B
道路Bの幅員>10m

X-X'断面図

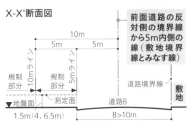

前面道路の反対側の境界線から5m内側の線（敷地境界線とみなす線）

道路境界線

敷地

規制部分 測定面 道路B

1.5m（4、6.5m）　B>10m

Y-Y'断面図

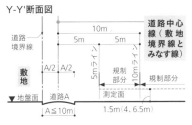

道路中心線（敷地境界線とみなす線）

道路境界線

敷地

規制部分 測定面

地盤面 道路A

A≦10m　1.5m（4、6.5m）

図4 日影が規制の異なる区域にわたる場合 ［令135条の13］

真北

第1種住居地域（日影規制あり）

商業地域（日影規制なし）

建物C

建物A

建物B

建物Aの日影が第1種住居地域内に生じる場合は日影規制を受ける

第1種住居地域に隣接する商業地域に建つ共同住宅。商業地域は日影規制を受けないが、隣接する第1種住居地域内に日影を生じさせるため、日影規制を受けている

日影規制対象区域外にある高さが10mを超える建築物で、冬至日に日影規制対象区域内に日影を生じさせるものは、日影規制対象建築物となる

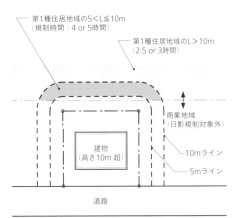

第1種住居地域の5<L≦10m（規制時間：4 or 5時間）

第1種住居地域のL>10m（2.5 or 3時間）

商業地域（日影規制対象外）

10mライン

5mライン

建物（高さ10m超）

道路

開放性の高い屋上手摺は道路斜線の適用外となるが、天空率では算入の対象となる

天空率の適用により生まれた空間

天空率を利用すれば、建築物の高層部分をより高く活用できることが分かる

道路斜線

天空率を適用した建物

道路斜線の影響を受けた建物

後退距離

道路の反対側

2項道路

天空率を利用して設計された3階建て（地下1階）の戸建住宅と、道路斜線を受けた建物。前面道路（2項道路）による道路斜線を適用外とできるため、3階部分はより高く活用できる（天空率は91.313%　道路斜線を適用した場合の天空率は91.106%→道路斜線を適用除外とできる）［撮影協力　納谷建築設計事務所］

天空率とは

［法56条7項・令135条の5〜11］

天空を平面に水平投影した場合の全天に対する天空の割合のこと。計画建築物による天空率が、法56条（道路斜線・隣地斜線・北側斜線）に適合する建築物の天空率以上である場合には、各斜線制限の適用を除外することができる。2002年の法改正により定められた性能規定（一定の性能を満たしていれば、多様な材料・設備・構造などを採用できるという規制の方式）。斜線制限は仕様規定である

道路斜線制限についての天空率算定位置

道路斜線における「適合建築物」「計画建築物」の天空率

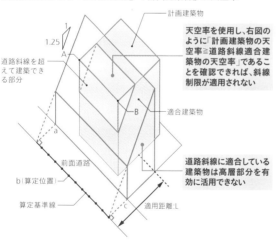

天空率を使用し、右図のように「計画建築物の天空率≧道路斜線適合建築物の天空率」であることを確認できれば、斜線制限が適用されない

道路斜線を超えて建築できる部分

道路斜線に適合している建築物は高層部分を有効に活用できない

b点における天空図の比較

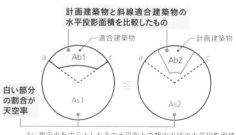

計画建築物と斜線適合建築物の水平投影面積を比較したもの

白い部分の割合が天空率

As：測定点を中心としたその水平面上の想定半球の水平投影面積
Ab：建築物および敷地の地盤をAsと同一の想定半球に投影した投影面の水平投影面積
天空率＝（As−Ab）／As

算定位置すべてで
$\left(\begin{array}{c}\text{適合建築物}\\\text{の天空率}\end{array}\right) \leqq \left(\begin{array}{c}\text{計画建築物}\\\text{の天空率}\end{array}\right)$
道路斜線は適用されない

注　絶対高さ制限［69頁］、日影規制［72頁］、高度地区の斜線［57頁］には適用できない

スキップフロアを90°回転
させてできた床の重なり
によって設けた床下収納

基準法の取り扱いでは、小屋裏や廊下の物置（小屋裏物置等という）は属する階の床面積の1/2未満で、最高内法高
さが1.4m以下のものは、階および床面積に算入されない。これを生かし、本件はスキップフロアを直行するように配
置していき、重なった部分を1.4m以下の床下収納として、有効に活用。

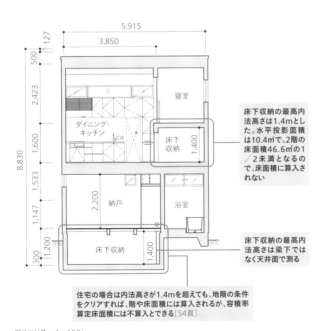

床下収納の最高内
法高さは1.4mとし
た。水平投影面積
は10.4㎡で、2階の
床面積46.6㎡の1
／2未満となるの
で、床面積に算入さ
れない

床下収納の最高内
法高さは梁下では
なく天井面で測る

住宅の場合は内法高さが1.4mを超えても、地階の条件
をクリアすれば、階や床面積には算入されるが、容積率
算定床面積には不算入とできる[54頁]

断面図[S＝1：150]

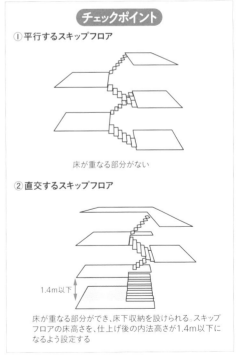

チェックポイント

① 平行するスキップフロア

床が重なる部分がない

② 直交するスキップフロア

1.4m以下

床が重なる部分ができ、床下収納を設けられる。スキップ
フロアの床高さを、仕上げ後の内法高さが1.4m以下に
なるよう設定する

解説：石井秀樹　石井秀樹建築設計事務所
写真：鳥村鋼一

本件は第2種高度地区に指定され、斜線制限（5m+1.25L）を受けている。住宅密集地のため屋根を低く、室内を勾配天井としなければならなかったが、斜線制限による勾配天井下の空間は、浴室・洗面室などの非居室に格好のスペースである。トップライトを設ければ採光もよくなる。

チェックポイント

□ 平均天井高
　　居室の天井高［令21条］は2.1m以上必要で、室の床面から測る。1室で天井の高さの異なる部分がある場合は、その平均の高さとなる。ただし、住宅の浴室や洗面室などは居室ではないので、この基準を満たす必要はない

□ 上層階に浴室を配置し、勾配天井となる場合は、フルユニットバスを設置できないケースがある。その場合はハーフユニットバスを採用するか、本件のように在来浴室とする

□ 高度地区の斜線
　　地方公共団体が用途地域内に指定する高さ制限で、高さの最高限度または最低限度が規定される。最高限度を定める高度地区は絶対高さや北側斜線を含むものが多い。東京都の高度地区は第1種、第2種、第3種に分けられており、一般の北側斜線よりも厳しい［57頁］

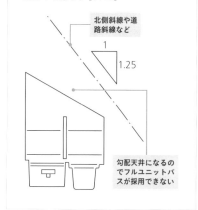

北側斜線や道路斜線など

1 / 1.25

勾配天井になるのでフルユニットバスが採用できない

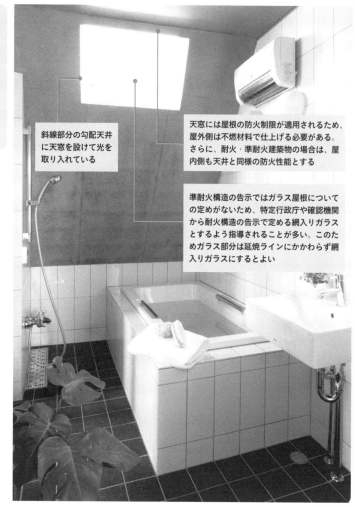

斜線部分の勾配天井に天窓を設けて光を取り入れている

天窓には屋根の防火制限が適用されるため、屋外側は不燃材料で仕上げる必要がある。さらに、耐火・準耐火建築物の場合は、屋内側も天井と同様の防火性能とする

準耐火構造の告示ではガラス屋根についての定めがないため、特定行政庁や確認機関から耐火構造の告示で定める網入りガラスとするよう指導されることが多い。このためガラス部分は延焼ラインにかかわらず網入りガラスにするとよい

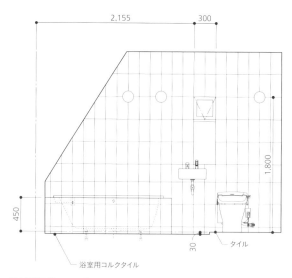

2.155　　300

1.800

450

30

タイル

浴室用コルクタイル

浴室展開図［S＝1：50］

解説：廣部剛司／廣部剛司建築研究所
写真：鳥村鋼一

防火

防火

火災による倒壊、隣地からの延焼を防ぐための
建築物の防火性能に関する規制

1 防火地域・準防火地域 ［法61条・令136条の2］

表 防火地域・準防火地域の建築物の制限

地域	階数	延べ面積（S）	建築物の構造制限（*）（各項目のいずれかの建築物とする）
防火地域	≧3（地階を含む）	—	耐火建築物・延焼防止建築物
	≦2（地階を含む）	S＞100㎡	耐火建築物・延焼防止建築物
		S≦100㎡	耐火建築物・準耐火建築物・延焼防止建築物・準延焼防止建築物
準防火地域	≧4（地階を除く）	—	耐火建築物・延焼防止建築物
	＝3（地階を除く）	S＞1,500㎡	耐火建築物・延焼防止建築物
		500㎡＜S≦1,500㎡	耐火建築物・準耐火建築物・延焼防止建築物・準延焼防止建築物
		S≦500㎡	耐火建築物・準耐火建築物・延焼防止建築物とするか、令元国交告194号第4による準延焼防止建築物［83頁］とする
	≦2（地階を除く）	S＞1,500㎡	耐火建築物・延焼防止建築物
		500㎡＜S≦1,500㎡	耐火建築物・準耐火建築物・延焼防止建築物・準延焼防止建築物
		S≦500㎡	制限なし。ただし、木造建築物は延焼ライン内の外壁・軒裏を防火構造とし外壁開口部を防火設備とする。木造建築物以外は延焼ライン内の外壁開口部を防火設備とする［90頁］

適用が除外されるケース

防火地域	50㎡以内の平屋の付属建築物で、外壁・軒裏が防火構造のもの（延焼ライン内の外壁開口部は防火設備）
防火地域準防火地域	卸売市場の上家・機械製作工場で主要構造部が不燃材料のもの（延焼ライン内の外壁開口部は防火設備）
	①高さ＞2mの門・塀で、不燃材料でつくるか、覆われたもの、厚さ24mm以上の木材で造ったもの、土塗り真壁造で塗厚30mm（表面木材を含む）以上のものなど
	②高さ≦2mの門・塀

防火地域・準防火地域では建築物の規模により、高い防火性能が求められる

❶ 防火地域

防火地域の街並み。大規模な耐火建築物（3階以上）が建ち並ぶ

S造やRC造の建物が建ち並ぶ防火地域。地階を含む階数3以上、または延べ面積が100㎡を超える場合は、耐火建築物または延焼防止建築物［*］としなければならない

❷ 準防火地域

延焼のおそれのある部分に含まれる軒裏は、防火構造の必要があるため、モルタルを塗って防火構造としている

準防火地域では、延べ面積500㎡以下で地上階数2以下の建築物については制限なし。ただし、木造建築物などで外壁・軒裏の延焼のおそれのある部分については、防火構造とする

* 延焼防止建築物とは延焼防止時間（通常の火災による周囲への延焼を防止する時間）が耐火建築物と同等以上のもの。準延焼防止建築物は延焼防止時間が準耐火建築物と同等以上のもの。法文上にはない名称だが、一般的に使用されている。令元国交告194号に具体的な構造方法が示されている

2 法22条区域（屋根不燃区域） ［法22〜24条］

表 法22条区域内の屋根・外壁

部位	対象	規制内容
すべての建築物	屋根	不燃材料でつくる、葺くなどのほか、大臣認定のものとする。茶室、あずま屋、延べ面積10㎡以内の物置などの屋根で、延焼のおそれのある部分以外の部分は対象外。不燃性物品の倉庫などの建築物は緩和対象となる
木造建築物など［*］	外壁・軒裏	延焼のおそれのある部分を準防火性能を有する土塗り壁、または同等以上の防火上有効な構造とする

* 自重または積載荷重を支える部分が可燃材料でつくられたもの

法22条区域とは、飛び火による延焼防止を目的に、すべての建築物の屋根に不燃化を義務づけた地域。防火・準防火地域以外の地域に指定される。木造の建築物は延焼のおそれのある部分の外壁を準防火構造とする［91頁］

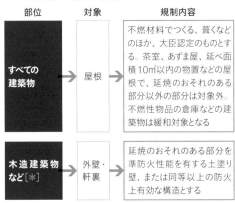

延焼のおそれのある部分の範囲外の外壁は対象外

軒裏の防火制限はない

瓦屋根（不燃材料）

法22条区域にある木造戸建住宅。屋根は瓦（不燃材料）で葺かれているが、外壁は延焼のおそれのある部分の範囲外にあるため、防火上有効な構造にしていない

3 耐火建築物

耐火建築物とは主要構造部を耐火構造（耐火性能検証法［※1］によるものを含む）とし、延焼のおそれのある部分の外壁開口部に防火設備を設けた建築物のこと。特殊建築物については、用途や規模により耐火建築物、準耐火建築物［80・82頁］や避難時倒壊防止建築物［※2］としなければならない

表 耐火建築物等としなければならない特殊建築物 ［法27条・法別表1］［※1］［※2］

| | 用途 | 主要構造部を耐火構造（耐火性能検証法によるものを含む）または避難時倒壊防止構造のいずれかとする［＊3］ | | 主要構造部を耐火構造（耐火性能検証法によるものを含む）、準耐火構造（ロ準耐を含む）、または避難時倒壊防止構造のいずれかとする |
		用途に供する階（地上階数）	用途に供する床面積の合計	
[1]	劇場、映画館、演芸場	主階（客席など）が1階にないものまたは3階以上の階	客席床面積合計≧200㎡（屋外観覧席≧1,000㎡）	—
	観覧場、公会堂、集会場	3階以上の階		
[2]	病院、診療所（患者の収容施設のあるもの）、ホテル、旅館、児童福祉施設等、下宿、共同住宅、寄宿舎など	3階以上の階［＊4］	—	2階部分に用途があり、その部分の床面積合計≧300㎡
[3]	学校、体育館、博物館、図書館、スポーツ練習場など	3階以上の階［＊4］		床面積合計≧2000㎡
[4]	百貨店、マーケット、展示場、キャバレー、ナイトクラブ、バー、ダンスホール、遊技場、飲食店、床面積10㎡超の物品販売店舗	3階以上の階	≧3,000㎡	2階部分に用途があり、その部分の床面積合計≧500㎡

| | 用途 | 耐火建築物とする | | 耐火建築物または準耐火建築物とする |
		用途に供する階（地上階数）	用途に供する床面積の合計	
[5]	倉庫	—	3階以上の用途部分の床面積≧200㎡	床面積合計≧1,500㎡
[6]	自動車車庫、自動車修理工場映画スタジオ、テレビスタジオ	3階以上の階		床面積合計≧150㎡（外壁耐火構造の準耐火建築物は不可）
[7]	危険物の貯蔵場、処理場など	—		令116条の数量を超えるもの

＊1：いずれも延焼のおそれのある部分の外壁開口部には防火設備が必要
＊2：(1) 〜 (4) の用途で、階数が3で延べ床面積＜200㎡のものは適用除外。ただし (2) の用途の場合は自動火災報知設備（特定小規模施設用のものを含む）を設ける
＊3：階、床面積のどちらかが該当すれば適用
＊4：下宿、共同住宅、寄宿舎および (3) の用途で防火地域以外に建築する場合は、地上3階建てかつ延べ床面積≧200㎡のものは一定の要件を満たせば1時間準耐火構造とできる［83頁］

❶ 児童福祉施設（保育所）

木造2階建ての認定こども園[12頁]。2階は職員室なので、準耐火建築物にしなくてもよい

保育室が2階以上に配置される場合は、準耐火建築物または耐火建築物とする［児童福祉施設の設備及び運営に関する基準32条8号］［写真提供：環境デザイン研究所］

❷ 自動車車庫（自走式駐車場）

土地に定着し、屋根があり、柱または壁がある自走式駐車場は建築物に該当する

床面積が150㎡以上の自動車車庫。耐火建築物または準耐火建築物にしなければならない。ただしロ準耐1号［81頁］の準耐火建築物とすることはできない

❸ 耐火構造（鉄骨に耐火被覆）

柱・梁には非損傷性が求められる。要求性能時間は1〜3時間。階数によって異なる

耐火建築物では主要構造部（柱・梁・耐力壁・屋根・階段）を耐火構造にする必要がある。鉄骨の柱・梁は、ロックウールなどで耐火被覆を行うのが一般的

❹ 耐火構造（鉄骨に耐火塗料）

耐火塗料で被覆した鉄骨の梁を配管設備が貫通している［96頁］

火災の熱により発泡して断熱層を形成する耐火塗料を用いれば、耐火被覆を行わなくてもよく、施工性や意匠性が高められる［撮影協力：日建設計］

※1 建築物の耐火性能を高度な計算方法により検証するもの［令108条の3］
※2 主要構造部を各室の火災温度上昇係数、実特定避難時間により算出された固有特定避難時間に応じて告示で定められた構造とし、居室に自動火災報知設備を設置し、特別避難階段や敷地内避難通路などを設けた建築物［平27国交告255号］

4 準耐火建築物

準耐火建築物とは耐火建築物以外の建築物で、主要構造部を準耐火構造［**法2条9号の3イ**］またはそれと同等の準耐火性能を有するもの［**法2条9号の3ロ**］とし、外壁の開口部の延焼のおそれのある部分に防火設備を設けた建築物

❶ イ準耐

燃え代設計［※］によって木材で階段をつくっている

イ準耐とは、主要構造部を準耐火構造としたもの［**法2条9号の3イ**］。階段では、「燃えしろ設計によって段板・桁を木材のみでつくる方法」と「段板・桁を防火被覆する方法」がある［写真提供　石井秀樹建築設計事務所　写真　鳥村鋼一］

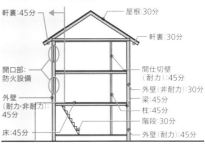

火災時の火熱に対する耐火時間

延焼のおそれのある部分

- 軒裏:45分
- 屋根:30分
- 軒裏:30分
- 開口部:防火設備
- 間仕切壁（耐力）:45分
- 外壁（非耐力）:30分
- 外壁（耐力・非耐力）:45分
- 梁:45分
- 柱:45分
- 階段:30分
- 床:45分
- 外壁（耐力）:45分

※　イ準耐は主要構造部を準耐火構造にしたもの　イ準耐では建築物の地上部分の層間変形角（地震力により生じる層間変位の各階高さに対する割合）を1／150以下としなければならない［**令109条の2の2**］

Column　準耐火の階段をあえて木材でつくり重厚感を生む

準耐火構造の階段では、「燃え代設計［※］によって段板、桁を木材のみでつくる方法」と「段板・桁を防火被覆する方法」がある。前者の場合は、6.0cm厚以上の木材を使用することになるが、段板・桁の厚さを意匠的に利用すれば、吹抜けにも重厚感をもたらすことができる。

チェックポイント

□準耐火構造の階段とは［法2条9号の3］
準耐火建築物は、主要構造部を準耐火構造とするイ準耐と、それと同等の性能を有するための技術的基準に適合するロ準耐に大別される。イ準耐とする場合には、階段を準耐火構造にする必要があり、通常の火災に対して階段は30分間以上の耐火性能が求められる。

準耐火構造の階段を木材でつくる場合の仕様［平12建告1358号第6］
①段板および桁を木材のみでつくる方法
木材の厚さを6.0cm以上とする
②段板および桁を木材でつくり、防火被覆を行う方法
a:木材の厚さが3.5cm以上の場合→平12建告1358号第6第3号イで示された方法に従って防火被覆を行う
b:木材の厚さが3.5cm未満の場合→平12建告1358号第6第3号ロで示された方法に従って防火被覆を行う

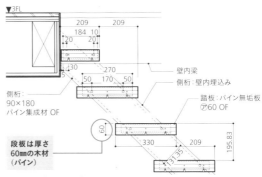

側桁:90×180
パイン集成材 OF

壁内梁
側桁:壁内埋込み
踏板:パイン無垢板 ⑦60 OF

段板は厚さ60mmの木材（パイン）

階段断面図［S＝1:20］

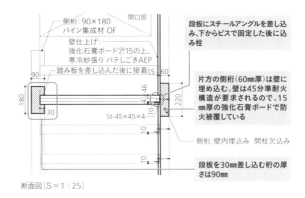

側桁:90×180
パイン集成材 OF
壁仕上げ:
強化石膏ボード⑦15の上、寒冷紗張り パテしごきAEP
踏み板を差し込んだ後に接着
開口部
St-45×45×4

段板にスチールアングルを差し込み、下からビスで固定した後に込み栓

片方の側桁（60mm厚）は壁に埋め込む。壁は45分準耐火構造が要求されるので、15mm厚の強化石膏ボードで防火被覆している

側桁:壁内埋込み　間柱欠込み

段板を30mm差し込む桁の厚さは90mm

断面図［S＝1:25］

※　木材は火災時に表面から燃え進み、中心部は一定時間強度を保つため、木材の表面の火災で燃焼する燃え代の分だけ断面積を大きくして、準耐火構造と同等の耐火性能を確保する設計方法

❷ ロ準耐1号

part **5** 防火

階段を木材でつくればRC造であってもロ準耐1号となり、竪穴区画がいらない

ロ準耐1号とは、外壁が耐火構造であり、屋根が一定の防火性能[法22条1項]をもつもの[令109条の3第1号]。ロ準耐には竪穴区画が必要ない[写真提供：杉浦英一建築設計事務所　写真：堀内広治]

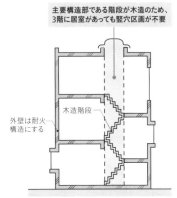

主要構造部である階段が木造のため、3階に居室があっても竪穴区画が不要

外壁は耐火構造にする

木造階段

階段を鉄骨階段にした場合、この建築物は耐火建築物となり、階段部分の竪穴区画が必要となる

Column　RC造でも階段を木造にすれば竪穴区画は不要

主要構造部を耐火構造や、準耐火構造とした場合、原則として竪穴区画が必要となる[令112条11項]。ただしロ準耐1号の基準では竪穴区画が必要ない。つまり外壁がRC造でも、階段を木造とすると主要構造部の一部が耐火構造でなくなるのでロ準耐となり、竪穴区画が不要となる。

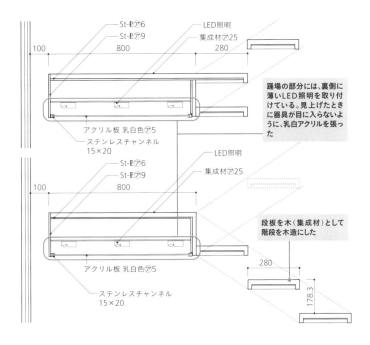

踊場の部分には、裏側に薄いLED照明を取り付けている。見上げたときに器具が目に入らないように、乳白アクリルを張った

段板を木（集成材）として階段を木造にした

階段断面詳細図[S＝1：20]

チェックポイント

□準耐火建築物とは[法2条9号の3]　耐火建築物以外の建築物で、主要構造部が準耐火構造[法2条9号の3イ]またはそれと同等の準耐火性能を有するもの[法2条9号の3ロ]で、外壁の開口部の延焼のおそれのある部分に防火設備を有する建築物

イ準耐…主要構造部を準耐火構造としたもの[法2条9号の3イ]
ロ準耐1号…外壁が耐火構造であり、屋根が一定の防火性能[法22条1項]をもつもの[令109条の3第1号]
ロ準耐2号…主要構造部である柱および梁が不燃材料で、そのほかの主要構造部が準不燃材料であるもの[令109条の3第2号]

ロ準耐の建物は竪穴区画が必要ない
外壁が耐火構造（RC造）の場合は、階段を木造（可燃）にすれば、ロ準耐1号となり竪穴区画が必要なくなる。一方、階段を鉄骨にした場合、耐火建築物となり、階段部分の竪穴区画が必要となる。ロ準耐2号[82頁]の場合は、鉄骨階段が可能である

❸ ロ準耐2号

外壁の一部を不燃材料でつくれば、RC造であってもロ準耐2号となり、竪穴区画がいらない

ロ準耐2号とは、主要構造部である柱および梁が不燃材料で、そのほかの主要構造部が準不燃材料であるもの[令109条の3第2号]。ロ準耐には竪穴区画は必要ない[写真提供　設計事務所アーキプレイス]

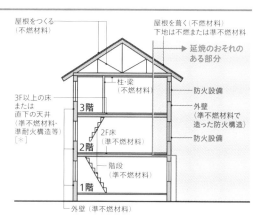

屋根をつくる（不燃材料）
屋根を葺く（不燃材料）
下地は不燃または準不燃材料
→ 延焼のおそれのある部分
柱・梁（不燃材料）
3F以上の床または直下の天井（準不燃材料・準耐火構造等）[*]
防火設備
外壁（準不燃材料で造った防火構造）
3階
2F床（準不燃材料）
防火設備
2階
階段（準不燃材料）
1階
外壁（準不燃材料）

* 準耐火構造等とは、準耐火構造または屋内火災の火炎に30分間損傷を生じず、遮熱性を有するもの[平12建告1368号]

Column | **ロ準耐2号であれば鉄骨階段でも竪穴区画が不要**

RC造3階建て戸建住宅は、耐火構造または準耐火構造で延べ面積が200㎡を超えると、3階に居室がある場合、吹抜けや階段廻りを竪穴区画しなければならなくなる。竪穴区画の適用を避けるには、階段を木造にしてロ準耐1号の準耐火建築物にするという方法があるが[81頁]、鉄骨階段ではロ準耐1号にならない。この場合は本事例のように、外壁を一部防火構造にすれば、ロ準耐2号の準耐火建築物となり、竪穴区画を設けなくてもよくなる。

RC造3階建て（塔屋とハイサイドライトは階に含まない）戸建住宅で、延べ面積が311㎡（>200㎡）。耐火建築物の場合は階段室・エレベーターホール廻りに竪穴区画が必要になるものの、準耐火建築物（ロ準耐2号）としているので竪穴区画が要らない

RC造で階段が鉄骨造の場合は、耐火構造になってしまうものの、外壁の一部を耐火被覆のない鉄骨造とすればロ準耐2号の建築物になる

RC造の塔屋
鉄骨（不燃材料）でつくられたハイサイドライト
ホール
ホール
ウォークインクロゼット
洗面室
浴室
ホール
ダイニング
ホール
リビング
浴室
2,800
9,200
12,000

断面図[S=1:250]

暗くなりがちな建物中央部の廊下に光を取り込むためのハイサイドライトは、防火被覆のない鉄骨造としている（屋根はRC造）。鉄骨造としているのは、建物の軽量化や梁への荷重軽減を図るという狙いもある

5 木造3階建ての準耐火建築物

❶ 準耐火構造の木造3階建て共同住宅 [法27条、平27国交告255号]

3階建てで床面積が200㎡以上の共同住宅は、原則として耐火建築物としなければならないが、木造で造ることはハードルが高いが、防火地域以外で下記の要件を満たしたものは[平27国交告255号]により1時間準耐火構造の準耐火建築物とすることができる[写真提供 i+i設計事務所]

3階建てなので非常用進入口（代替進入口）が必要

窓どうしは2m離れている

木造3階建ての共同住宅。共用庇（奥に2階への外部専用階段がある）と代替進入口が見える

不燃材料の金属庇（40cm以上）

神奈川県横浜市（準防火地域）に建築された木造3階建ての集合住宅。1階が賃貸住戸、2、3階がオーナー住戸となっている

1時間準耐火構造とするための要件
①以下のイまたはロとすること
 イ　各住戸に避難上有効なバルコニーを設置
 ロ　地上に通ずる廊下・階段を直接外気に開放し、各住戸の当該廊下に面する開口部を防火設備としたもの
②建物の周囲に道に通ずるW≧3mの通路[＊]を設けること。ただし、①のイとロの両方を設け、かつ外壁の開口部から上階の開口部へ延焼のおそれのある場合に40cm以上突出した不燃材料の庇などを防火上有効に設けた場合や、開口部を2m以上隔離した場合は不要
③準防火地域内の場合は①～②に加え、3階の各住戸の外壁開口部と当該各住戸以外に面する開口部に防火設備を設けること。ただし、3階の各住戸の外壁開口部または開放廊下・開放階段に面する開口部が、当該各住戸以外の開口部と90cm以上離れている場合や、50cm以上突出した庇や袖壁などで防火上有効に遮られている場合は不要

＊　道に面した外壁面や居室に設けた開口部のない外壁面には設置不要

❷ 準防火地域の木造3階建て建築物 [令元国交告194号第4]

準防火地域で木造3階建ての戸建住宅をつくる場合、耐火性能45分の準耐火建築物としなければならない。ただし、開口部などの大きさを制限することなどによって、同等の準耐火性能とみなされる「準防木三」とすることもできる[写真提供：KINO architects　写真｜阿野太一]

表　準防火地域内の地上3階建ての建築物で、耐火建築物・準耐火建築物・延焼防止建築物以外とする場合の基準 [令元国交告194号第4] [＊1]

外壁の開口部に対する制限（防火性能／構造／面積）	延焼のおそれのある部分	すべてを20分間防火設備とする
	隣地境界線等[＊2]からの水平距離が1m以下にある場合の構造制限（①②のいずれかとする）	①防火設備で常閉式のもの、または随時閉鎖で火災時に自動的に閉鎖するもの ②防火設備のはめ殺し戸（ただし換気孔・室（非居室）の換気用窓で、各0.2㎡以内のものは対象外）
	隣地境界線等[＊2]または道路中心線からの水平距離が5m以下の開口部の面積制限	令元国交告194号第4に定められた計算表にもとづいて求めた開口部の面積以下とする
外壁	準耐火構造、または屋内に令元国交告194号第4に定められた防火被覆を設けた防火構造	
軒裏	防火構造	
主要構造部である柱・梁	準耐火構造、または小径12cm以上の木材とするなど令元国交告194号第4に定められた構造	
床またはその直下の天井	通常の火災に対して、下階より上階へ延焼しないように防火被覆等を行うなど令元国交告194号第4に定められた構造	
屋根またはその直下の天井	法62条の制限に加え、延焼防止のために屋根の裏側またはその直下の天井裏に防火被覆等を行うなど令元国交告194号第4に定められた構造	
3階部分の防火措置	3階の室部分とそれ以外の部分を間仕切壁またはドア等で区画する	

＊1　延べ面積500㎡超え、または法27条の特殊建築物に該当するものは対象外
＊2　隣地境界線または同一敷地内の他の建築物との外壁間中心線

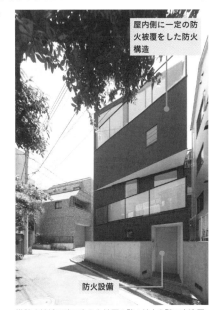

屋内側に一定の防火被覆をした防火構造

防火設備

準防火地域に建てられた地下1階＋地上3階の木造戸建住宅。左表の基準を満たしているので、準耐火建築物とはしていない

3階以上の共同住宅は原則として耐火建築物としなければならない。耐火構造の木造建築物とする場合は耐火構造を定めた告示［平12建告1399号］の仕様［＊］とするか、大臣認定を受けたものとする［資料提供：松本設計］

木造の耐火構造の仕様 ［平12建告1399号］

建築物の部位		仕様
外壁・間仕切壁 ①〜③のいずれか		①両側強化石膏ボード2枚以上張り（総厚42mm以上） ②両側強化石膏ボード2枚以上張り（総厚36mm以上）＋8mm以上のケイ酸カルシウム板張り ③両側強化石膏ボード15mm以上＋厚さ50mm以上の軽量気泡コンクリートパネル張り ①②とした場合の外壁は、当該防火被覆をした上に屋外側を金属板、軽量気泡コンクリートパネル、窯業系サイディング張り、モルタル塗り、しっくい塗りとしたもの
柱・梁		強化石膏ボード2枚以上張り（総厚46mm以上）
床	表側	強化石膏ボード2枚以上張り（総厚42mm以上）
	裏側または直下の天井	強化石膏ボード2枚以上張り（総厚46mm以上）
屋根［＊］	屋内側または直下の天井	強化石膏ボード2枚以上張り（総厚27mm以上）（取り合い部に当て木を設ける）
階段	—	①鉄造
①または②		②表と裏側を強化石膏ボード2枚以上張り（総厚27mm以上）（取り合い部に当て木を設ける）

＊ 屋根面は法22条や法62条の制限を受ける場合、不燃材でつくるか葺くなどの仕様とする

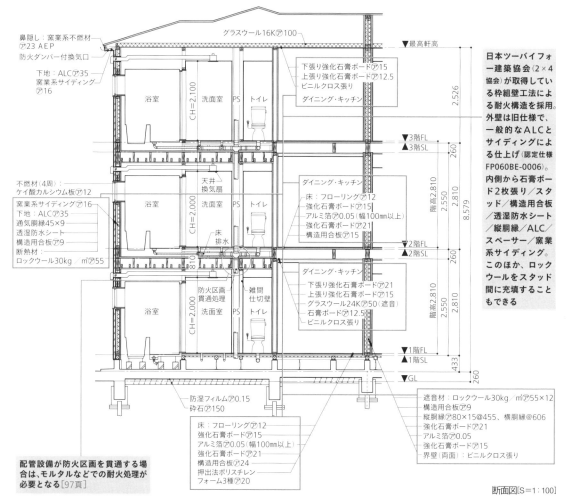

日本ツーバイフォー建築協会（2×4協会）が取得している枠組壁工法による耐火構造を採用。外壁は旧仕様で、一般的なALCとサイディングによる仕上げ（認定仕様FP060BE-0006）。内側から石膏ボード2枚張り／スタッド／構造用合板／透湿防水シート／縦胴縁／ALC／スペーサー／窯業系サイディング。このほか、ロックウールをスタッド間に充填することもできる

配管設備が防火区画を貫通する場合は、モルタルなどでの耐火処理が必要となる［97頁］

断面図［S＝1：100］

耐火被覆工事。ロックウール30kg／m³ 55mm厚を間柱・まぐさ間に充填した後（写真左）に、構造用合板（9mm）と強化石膏ボード（15mm）を張る。その後、0.05mm厚のアルミニウム箔を隙間なく張る（写真右）

※ 告示で耐火性能1時間の木造の仕様が示されているので、4階までは告示仕様で建築可能

7 延焼のおそれのある部分　［法2条6号］

図1 延焼のおそれのある部分の基本

2階建て
6階建て
5m　5m
延焼のおそれの
ある部分
1階
3m　3m
道路中心線

隣地境界線
2階建て
5m
平屋
延焼のおそれの
ある部分
3m　3m

延焼のおそれのある部分とは、火災延焼防止を目的に定められた建築物の部分のことで、①隣地境界線、②道路中心線、③敷地内に2以上の建物がある場合はその外壁間の中心線、から1階は3m、2階以上は5m以下の距離にある部分をいう

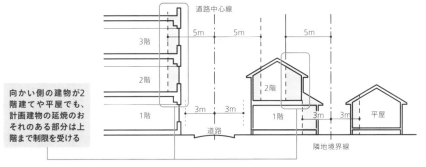

道路中心線
3階　5m　5m　5m
2階
1階　3m　3m　2階　平屋　3m　3m
道路
隣地境界線

向かい側の建物が2階建てや平屋でも、計画建物の延焼のおそれのある部分は上階まで制限を受ける

延焼のおそれのある部分の開口部を防火設備にする必要があるのは、耐火・準耐火建築物、火災時倒壊防止建築物、避難時倒壊防止建築物、防火・準防火地域内の建物の場合である

□：延焼のおそれのある部分

図2 地階や緑道などに面する場合

❶ 地階の場合

延焼のおそれのある部分は発生しない
隣地境界線
3m
地盤面
地盤面より下に位置する地階の開口部

地階の開口部は地上に面していない。延焼のおそれのある部分は設定しなくてもよい

❷ 緑道に面する場合 ［※］

延焼のおそれのある部分
5m　5m
3m　3m
緑道の中心線　緑道

緑道は、道路と同等に扱う。中心線からの距離で延焼のおそれのある部分を設定する

隣地境界線
5m　5m
2階
3m　1階　3m
GL　GL
地階
□：延焼のおそれのある部分

地階でも開口部が地上に面している場合は1階とみなし、延焼のおそれのある部分を設定する

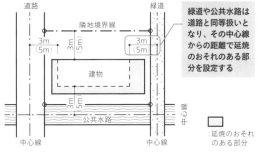

道路　緑道
隣地境界線
3m　3m　3m
(5m)(5m)(5m)
建物
3m　3m
(5m)(5m)
公共水路
緑道
中心線　中心線

緑道や公共水路は道路と同等扱いとなり、その中心線からの距離で延焼のおそれのある部分を設定する

□：延焼のおそれのある部分

※　防火上有効な公園、広場、川、鉄道の線路敷などの空地や水面に面する部分は、延焼のおそれのある部分はないものとされる

図3 敷地内にほかの建物がある場合

❶ 建物の外壁どうしが平行でない場合［※］

体育館

校舎

体育館の外壁ライン

校舎の外壁ライン

外壁間の中心線

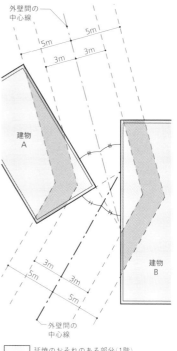

外壁間の中心線

建物A

建物B

5m

3m

3m

5m

3m

5m

5m

3m

5m

外壁間の中心線

☐ 延焼のおそれのある部分（1階）

▨ 延焼のおそれのある部分（2階以上）

建物の外壁どうしが平行でない場合は、外壁間の中心線および延焼のおそれのある部分は建物の位置関係を反映したものとなる。ただし、敷地内にほかの建物があっても、延べ面積の合計が500㎡以内の場合、一の建築物とみなし、建物間での延焼のおそれのある部分は発生しない

❷ バルコニーや庇の扱い

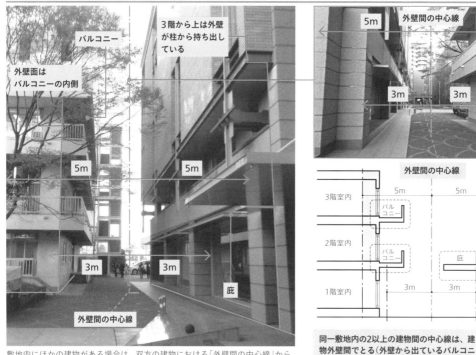

バルコニー

3階から上は外壁が柱から持ち出している

外壁面はバルコニーの内側

5m

5m

3m

3m

庇

外壁間の中心線

敷地内にほかの建物がある場合は、双方の建物における「外壁間の中心線」から距離を測る。外壁からはね出しているバルコニーや庇は対象とはならない

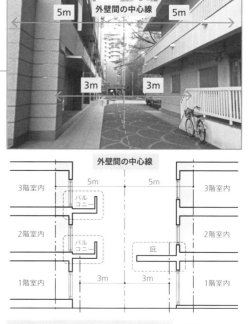

5m

外壁間の中心線

5m

3m

3m

外壁間の中心線

3階室内 バルコニー 5m 5m 3階室内

2階室内 バルコニー 2階室内

1階室内 3m 3m 庇 1階室内

同一敷地内の2以上の建物間の中心線は、建物外壁間でとる（外壁から出ているバルコニーや庇、ポーチの先端どうしの間ではない）

☐：延焼のおそれのある部分

※ 隣地境界線等（①隣地境界線、②道路境界線、または③建物間の中心線）と外壁面が角度をなす場合の延焼のおそれのある部分は、水平距離がその角度により算定された数値に縮小される　さらに③の場合で他の建築物の主要構造部が耐火構造、イ準耐、ロ準耐、延焼防止建築物、準延焼防止建築物の場合は、延焼のおそれのある部分の垂直距離も、その角度により算定された一定の高さまでとなる　ただし、これらを算定せず3m（5m）の水平距離としてもよい［令2国交告197号］

086

図4 防火上有効な防火塀・防火袖壁 　　　　　　　　　　　　　　　　　［令109条］

① 防火塀（耐火構造、準耐火構造または防火構造としたもの）

平面図　　　　　　　　　　　　　　　　　　　　　立面図

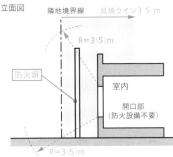

開口部が、耐火構造、準耐火構造または防火構造の外壁、防火塀、防火袖壁で延焼のおそれのある部分を防火上有効に遮られている場合は、外壁、防火塀、防火袖壁が防火設備とみなされ、開口部には防火設備が不要となる

防火地域等のように開口部に求められる性能が建物の周囲で発生する火災を遮るものの場合は、塀の高さは開口部の上端まででよい

幅員10m以上の道路（道路中心線からの距離が5m以上となるので、道路側は延焼のおそれのある部分が発生しない）

開口部の外側に防火上有効な袖壁を設けて、隣地境界線までの距離を一定以上（1階で3m以上、2階以上で5m以上）とすれば、開口部への防火設備は不要。写真の場合は袖壁（防火上有効）を道路境界線上まで伸ばしているほか、前面道路の幅員が10m以上のため、道路面の開口部すべてで防火設備は不要である

② 防火袖壁（耐火構造、準耐火構造または防火構造としたもの）

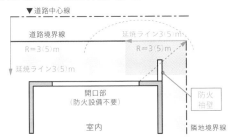

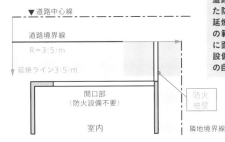

道路境界線上まで延長した防火袖壁。道路からの延焼のおそれのある部分の範囲外であれば、道路に面する開口部への防火設備が不要になり、設計の自由度が上がる

❶ 防火構造の基本

防火構造とは、建築物の周囲で発生する通常の火災による延焼を防ぐために、外壁または軒裏に防火上必要となる性能をもつ構造のこと。準防火地域にある木造2階建て戸建住宅（4号建築物）では、外壁・軒裏の延焼のおそれのある部分は、防火構造としなければならない[資料提供：イン・ハウス建築計画]

2階以上は隣地境界線・道路中心線から5mが延焼ライン。延焼ライン内にある外壁は窯業系サイディング、ガルバリウム鋼板（縦はぜ葺き）ともに大臣認定の防火構造

ガルバリウム鋼板（縦はぜ葺き）の防火壁を伸ばし、玄関と周囲の壁を延焼のおそれのある部分から遮断して、玄関廻りのベイスギ羽目板張りを可能にした

1階は隣地境界線・道路中心線から3mが延焼ライン

玄関を防火性能のない木製建具にするには、延焼のおそれのある部分の範囲外とする必要がある。玄関を敷地境界線から後退させて、その範囲外とするほか、本事例のように、防火構造の外壁（防火上有効な袖壁[87頁]）を伸ばして延焼ラインを遮断する方法もある

a：大臣認定の防火構造の例（ガルバリウム鋼板＋窯業系サイディング）　　b：大臣認定の防火構造の例（窯業系サイディング）

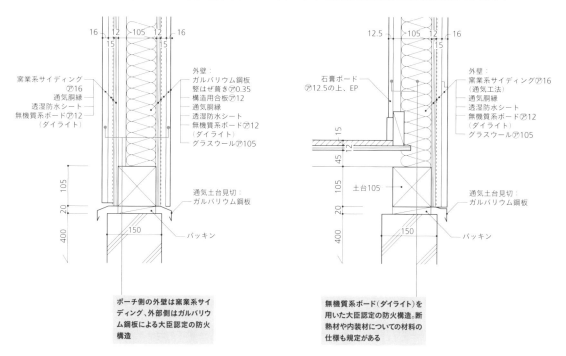

a

16 / 12 / >105 / 12 / 16
15 / / / 15

窯業系サイディング⑦16
通気胴縁
透湿防水シート
無機質系ボード⑦12
（ダイライト）

外壁：
ガルバリウム鋼板
竪はぜ葺き⑦0.35
構造用合板⑦12
通気胴縁
透湿防水シート
無機質系ボード⑦12
（ダイライト）
グラスウール⑦105

105
20
400

150

通気土台見切：
ガルバリウム鋼板

パッキン

ポーチ側の外壁は窯業系サイディング、外部側はガルバリウム鋼板による大臣認定の防火構造

b

12.5 / >105 / 12 / 16
15

石膏ボード⑦12.5の上、EP

15
12
45
105
20
400

土台105

150

外壁：
窯業系サイディング⑦16
（通気工法）
通気胴縁
透湿防水シート
無機質系ボード⑦12
（ダイライト）
グラスウール⑦105

通気土台見切：
ガルバリウム鋼板

パッキン

無機質系ボード（ダイライト）を用いた大臣認定の防火構造。断熱材や内装材についての材料の仕様も規定がある

断面詳細図[S＝1:10]

❸ 大臣認定の防火構造（羽目板張り）

防火・準防火地域において外壁を防火構造とするケースで、羽目板張りを実現するには、下地・内外装仕上材を含む認定を取得している大臣認定の防火構造を用いる方法がある[104頁]

❷ 平12建告1359号による防火構造

外壁や軒裏を告示[平12建告1359号や平12建告1362号など]で例示された防火・準防火構造とすれば、表面材として木材などの可燃材料を張ることが可能[103頁][資料提供：林建築設計工房＋奥村設計室]

防火認定を取得している既製の木製サッシ[90頁]を使用

無機質系ボード（ダイライト）を下地に用いた大臣認定の防火構造を採用し、ファサード全面をスギの縦羽目板張りとした

告示を用いて下見板張りを実現

告示仕様の防火構造なので、外部を下見板張りとすることができた

❹ 防火規制の対象から外れるもの

[法61条]

a：高さ2m以下の塀／バルコニーの手摺壁

防火規制の対象外であるバルコニー手摺壁と塀（高さ2m以下）については木質系仕上げとして、金属仕上げとのコントラストを強調。耐候性に優れるレッドシダー（可燃材料）の木材保護塗料仕上げ

準防火地域にある木造2階建て戸建住宅。外壁は延焼のおそれのある部分[法2条6号]の範囲内にあるため、防火構造（石膏ボード12.5mm厚＋亜鉛鉄板［ガルバリウム鋼板］）としている一方、防火規制対象外のバルコニーの手摺壁と塀は木質仕上げとしている［写真提供　リオタデザイン　写真：後関勝也］

b：外壁の外側に張る木製ルーバー

延焼のおそれのある部分に該当する外壁は、防火構造にしなければならない（ここではガルバリウム鋼板スパンドレル仕上げ）

準防火地域内の2階建て兼用住宅。延焼のおそれのある部分の外壁は防火構造、開口部は防火設備とした。安価な網入りガラスサッシの存在感を隠すため外側に木製ルーバーを設置したが、確認機関から面格子と同等と認められて実現し、外壁仕上げとのコントラストを強調できた［写真提供　リオタデザイン］

9 防火設備

耐火建築物、準耐火建築物、延焼防止建築物、準延焼防止建築物、防火地域、準防火地域内の建築物は、延焼のおそれのある部分の開口部に防火設備の設置が必要。開口部を防火上有効に遮る防火袖壁や防火塀は、防火設備とみなされ開口部への防火設備設置は不要となる[87・88頁]

❸ 防火シャッター

連窓となるので、内側から防火シャッターの方立が見えないように、木製建具枠の位置を設定する

防火シャッターを使えば、内部の建具は防火設備にしなくてもよい。ここでは、木製建具を使用して意匠性を高めている[106頁][写真提供：ニコ設計室]

❶ 網入りガラス

網入りガラスの開口部などは、20分の防火性能がある防火設備

テナントビル（耐火建築物）の開口部。防火ガラスを使用すれば網なしガラスとすることもできる

❹ 防火設備（玄関）

外壁と異なり、告示に示された仕様による防火設備でも表面に可燃材料（羽目板など）を貼ることはできない

準防火地域にある戸建住宅の玄関。防火設備として既製品の防火認定品を採用[写真提供：イン・ハウス建築計画]

❷ 木製サッシ（防火認定取得品）

木造戸建住宅の開口部。耐熱性ガラス、木製サッシを用いた防火認定品。意匠性が高いが、やや高価

防火サッシは通則認定品からメーカーごとの個別認定品に切り替わっている[※]

Column 延焼ラインをファサードデザインに利用する!

延焼のおそれのある部分の範囲外にある開口部。防火設備にしなくてもよいので、垂れ壁・袖壁のない全面開口部（ピクチャーウィンドウ）としている[資料提供：吉村靖孝建築設計事務所]

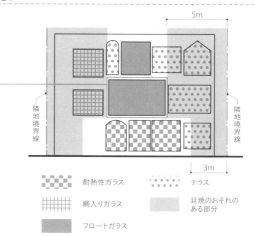

5m

3m

隣地境界線　隣地境界線

耐熱性ガラス　　　　テラス

網入りガラス　　　　延焼のおそれの
　　　　　　　　　　ある部分

フロートガラス

※ 通則認定とは、業界の自主管理団体が代表して性能試験を受けて大臣の認定を取得すること。個別認定とは各メーカーがそれぞれ性能試験を受けて大臣の認定を取得すること

準防火構造とは準防火性能を有する構造のこと。法令上の用語ではないが防火構造との対比のためこの名称が使用されることが多い

法22条区域とは

法22条区域は別名、屋根不燃区域とも呼ばれており、屋根の構造は平12建告1365号に例示された構造方法とするか、国土交通大臣の個別認定を受けたものとしなければならない[令109条の8・平12建告1361号][78頁]。木造建築物等[※]については、延焼のおそれのある部分の外壁も準防火構造とする必要がある。屋根と外壁の告示の例示仕様は以下の通り
①屋根[平12建告1365号]以下のいずれか
 a：不燃材料で造るか、葺く
 b：準耐火構造（屋上面を準不燃材料で造ったものに限る）
 c：耐火構造＋（屋外面）断熱材と防水材
②外壁[平12建告1362号]以下のいずれか
 a：土塗真壁造（塗厚さ30mm以上）
 b：防火被覆による構造（抜粋）
　　屋内側：9.5mm厚以上の石膏ボード
　　屋外側：下地を準不燃材料で造り、表面に
　　　　　　亜鉛鉄板を張ったもの

ガルバリウム鋼板の一文字葺き。コーナー部に継ぎ目が位置しないように、片方の板金を折り曲げながら取り付けている

屋根は不燃材料のガルバリウム鋼板（亜鉛鉄板）で葺く[平12建告1365号第1第1号]

外壁は下地を木毛セメント板（準不燃材料）としたうえで、ガルバリウム鋼板（亜鉛鉄板）仕上げ[平12建告1362号第1第3号ロ（2）]

法22条区域にある木造戸建住宅では、屋根には不燃性能が、延焼のおそれのある部分の外壁には準防火性能が求められる。屋根・外壁の仕上げを同じものにする場合は、屋根と外壁の取合いが重要になる。外壁と屋根が"ひとつながりに見える"ようにするには納まりを工夫する必要がある[資料提供：セシモ設計 写真：當間貴夫]

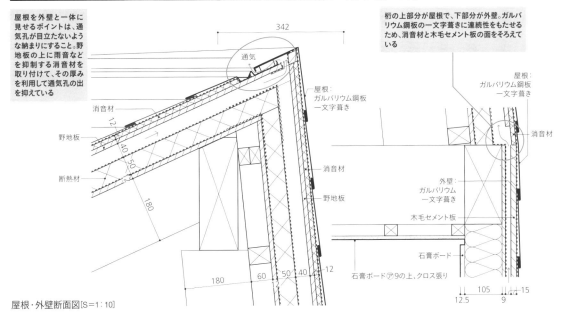

屋根を外壁と一体に見せるポイントは、通気孔が目立たないような納まりにすること。野地板の上に雨音などを抑制する消音材を取り付けて、その厚みを利用して通気孔の出を抑えている

桁の上部分が屋根で、下部分が外壁。ガルバリウム鋼板の一文字葺きに連続性をもたせるため、消音材と木毛セメント板の面をそろえている

342

通気

消音材

野地板

断熱材

180

180　60　50　40　12

屋根：
ガルバリウム鋼板
一文字葺き

消音材

野地板

屋根・外壁断面図[S＝1：10]

屋根：
ガルバリウム鋼板
一文字葺き

消音材

外壁：
ガルバリウム
一文字葺き

木毛セメント板

石膏ボード

石膏ボードⓐ9の上、クロス張り

12.5　105　9　15

※ 主要構造部のうち、自重または積載荷重を支える部材が木材、プラスチックなどの可燃物で造られたもの

防火区画

❶ 防火区画の種類と概要

表　防火区画の適用 ［令112条］

対象建築物など[＊1]		区画面積・部分	区画方法		適用除外
			床・壁	開口部	
面積区画[＊2]	主要構造部を耐火構造としたもの、準耐火建築物、延焼防止建築物、準延焼防止建築物	≦1,500㎡ごと[＊3]	準耐火構造(1時間)	特定防火設備	①劇場、映画館、演芸場、観覧場、公会堂、集会場の客席、体育館、工場などで用途上やむを得ないもの ②以下の②の部分
	1時間準耐火建築物、ロ準耐2号、避難時倒壊防止建築物(1時間以上)、火災時倒壊防止建築物(1時間以上)、準防火地域内の準延焼防止建築物(ロ準耐2号と1時間準耐火基準のものに限る)	≦1,000㎡ごと			天井・壁を準不燃材料とした、①体育館、工場など ②階段室、昇降機の昇降路(乗客ロビーを含む)で、床・壁・開口部を1時間準耐火構造・特定防火設備で区画された部分
	イ準耐、ロ準耐1号、火災時倒壊防止建築物(1時間未満)、避難時倒壊防止建築物(1時間未満)、準防火地域内の準延焼防止建築物(ロ準耐2号と1時間準耐火基準のものを除く)	≦500㎡ごと 上記に加え、防火上主要な間仕切壁を区画	準耐火構造[＊4]	制限なし	
高層区画[＊2]	11階以上の部分の内装仕上げ(下地とも)	不燃材料 ≦500㎡ごと	耐火構造	特定防火設備	左記の区画方法で防火区画された、①階段室、昇降機の昇降路(乗客ロビーを含む)、廊下などの避難のための部分 ②床面積合計≦200㎡の共同住宅の住戸部分
		準不燃材料 ≦200㎡ごと			
		上記以外の材料 ≦100㎡ごと		防火設備	
竪穴区画	地階か3階以上の階に居室があるもの	準耐火構造の建築物、延焼防止建築物、準延焼防止建築物	[竪穴部分] メゾネット住戸 吹抜け 階段 昇降機の昇降路 ダクトスペース 上記に類する部分	準耐火構造 間仕切り壁	防火設備	防火設備[＊5] 戸(襖、障子を除く)	①避難階の直上階、直下階のみに通じる竪穴部分で不燃材料で内装制限した部分 ②階数≦3、延べ面積≦200㎡の戸建住宅、長屋、共同住宅のメゾネット住戸内の竪穴部分 ③1500㎡の面積区画の適用除外①に該当し、用途上区画できない部分は、準不燃材料で内装制限し一の竪穴部分として区画すればよい
	3階が病院、診療所、児童福祉施設等(いずれも就寝用途があるもの)の用途で、階数=3かつ延べ面積＜200㎡						
	3階がホテル、旅館、下宿、共同住宅、寄宿舎、上記以外の診療所、児童福祉施設等で、階数=3かつ延べ面積＜200㎡						
異種用途区画	法27条に該当する建築物(建築物の一部のみの場合も含む)		該当する用途の部分とその他の部分を区画	準耐火構造(1時間)	特定防火設備	ホテル、旅館、児童福祉施設等(通所利用)、飲食店、物販店の用途で、一定の条件を満たし自動火災報知設備を設けた場合[95頁]

＊1　火災時倒壊防止建築物は特定火災終了時間(火災発生から火災終了までの時間)建物が損傷などを生じない耐火性能を有する建築物のこと。避難時倒壊防止建築物は特定避難時間(火災時に建物内の者がすべて避難するまでの時間)建物が倒壊や延焼しない耐火性能を有する建築物のこと
＊2　スプリンクラー、水噴霧設備などで自動式のものを設置した部分は、設置部分の床面積の1/2を区画面積から除外できる
＊3　建築物がアトリウムなどの大規模空間(特定空間)に接している場合は特定防火設備で区画されているものとみなされる
＊4　天井裏小屋裏まで達するよう設けなければならないが、強化天井とした場合は天井までてよい。なお、床面積200㎡以下の階または200㎡以内に防火区画した部分で、スプリンクラーを設置した部分や告示(平26国告860号)で定められた部分は設置が免除される[98頁]
＊5　居室や倉庫にスプリンクラー設備を設置した場合は10分間防火設備でよい

❸ 面積区画（随時閉鎖式の特定防火設備）

感知器は、面積区画や高層区画では煙または熱を感知して、竪穴区画や異種用途区画では煙を感知して、扉を自動閉鎖するものとする

防煙垂れ壁（30cm以上）

N

随時閉鎖式の特定防火設備

❷ 面積区画（常時閉鎖式の特定防火設備）

防煙区画（30cm以上）

耐火構造（1時間以上）

耐熱ガラス（防火認定品）

常時閉鎖式

オフィスビルの面積区画と防煙区画を兼ねた特定防火設備

防煙区画では扉上部の垂れ壁を50cm以上としなければならないが、常時閉鎖式の不燃戸や防火設備とした場合は30cm以上でよい

▶ 煙感知器とスプリンクラー（倍読み規定）

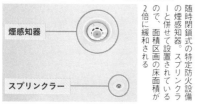

煙感知器

スプリンクラー

随時閉鎖式の特定防火設備の煙感知器と併せて設置されているので、面積区画の床面積が2倍に緩和される

スプリンクラーと併せて設置されている随時閉鎖式の特定防火設備の煙感知器。

防火設備と特定防火設備の違い

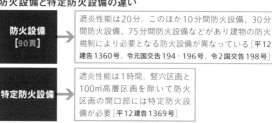

防火設備[90頁]　→　遮炎性能は20分。このほか10分間防火設備、30分間防火設備、75分間防火設備などがあり建物の防火規制により必要となる防火設備が異なっている[平12建告1360号、令元国交告194・196号、令2国交告198号]

特定防火設備　→　遮炎性能は1時間。竪穴区画と100㎡高層区画を除いて防火区画の開口部には特定防火設備が必要[平12建告1369号]

図 100㎡ごとに仕切られた高層区画を撤去したリフォーム事例

Before

防火壁
防火扉
防火区画

After

壁・天井の下地・仕上げは準不燃材料以上（石膏ボード⑦12.5の上、ビニルクロス仕上げ）

［資料提供：カガミ建築計画］

Ⅰ980年代半ばに竣工した共同住宅の12階。当時区画面積が100㎡だったため、室内に防火戸や防火壁が設置され、空間が窮屈になっていた

現在では区画面積が200㎡になっているので、リフォームを機に、防火扉・防火壁を撤去

Before

防火区画ライン
クロゼット
玄関
主寝室
防火扉
浴室
洋室

After

クロゼット
玄関
主寝室
洋室
浴室

竪穴区画や異種用途区画のための防火扉は撤去できない

防火扉がマンション全体の自動火災報知機設備と連動している可能性がある。マンションの管理組合に確認することが必要

撤去自体は確認申請が必要な大規模修繕（過半の修繕）［※］には該当しない

消防法について、建設時に特例認定を受けた建築物であれば、全体計画にもとづいて消火設備などの設置が免除されているため、個別の防火区画を変更することはできない。防火扉の撤去は防火区画の変更に当たるので、消防署に届出たうえで、工事後に検査を受ける必要がある

※ 改修対象部分が建築物全体の過半であることを指す

---

2 竪穴区画　　　［令112条11〜15項］

図1 準耐火構造・耐火構造［※］で地階または3階以上の階に居室がある場合　　［令112条11項］

3階以上にも居室が存在する

壁に設ける開口部はすべて防火設備で区画する

地階

① 地階または3階以上の階に居室がある場合

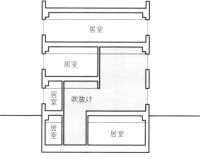

居室
居室
居室　吹抜け
居室
居室　居室

吹抜け部分の竪穴区画の要・不要

構造	竪穴区画
耐火	要
イ準耐	要
ロ準耐	不要

エスカレータ廻りなど、3層以上の吹抜けになっているケースはよく見受けられる。この場合は竪穴区画の規制が適用される

※ 延焼防止建築物、準延焼防止建築物とした場合を含む

図2 竪穴区画の緩和

❷ 3階以下の戸建住宅[*]で車庫を伴う場合

自動車車庫

耐火構造

自動車車庫がある3階建ての戸建住宅。車庫を準耐火構造で区画し、住宅部分の延べ面積を200㎡以下とすれば竪穴区画の適用は除外される

※ 耐火構造または準耐火構造

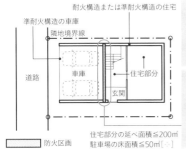

耐火構造または準耐火構造の住宅
準耐火構造の車庫
隣地境界線
道路
車庫
住宅部分
玄関

防火区画

住宅部分の延べ面積≦200㎡
駐車場の床面積≦50㎡[※]

階数が3階以下で延べ面積が200㎡以下の戸建住宅・長屋などは竪穴区画が不要となる

車庫を準耐火構造で区画することで住宅部分の延べ面積が200㎡以下となる場合は、竪穴区画が不要となる

❶ エレベーターの昇降路が開放廊下に面する場合

屋外避難階段

エレベーター

外気に有効に開放された廊下

開放廊下に面するエレベーターについては竪穴区画の適用が除外される。ただし、図のように屋外避難階段から2mの開口部規制範囲[118頁]にある場合は、昇降機の開口部は防火設備とする

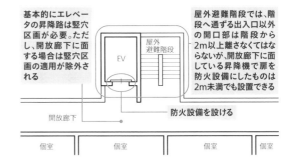

基本的にエレベータの昇降路は竪穴区画が必要。ただし、開放廊下に面する場合は竪穴区画の適用が除外される

屋外避難階段
EV

開放廊下

防火設備を設ける

個室　個室　個室　個室

屋外避難階段では、階段へ通ずる出入口以外の開口部は階段から2m以上離さなくてはならないが、開放廊下に面している昇降機で扉を防火設備にしたものは2m未満でも設置できる

Column 車庫を区画して竪穴区画をなくす

準防火地域に建つ準耐火構造の木造3階建ての戸建て住宅。延べ面積は224㎡だが、車庫部分を除くと199㎡で、車庫部分と住宅部分は準耐火構造の床・壁で区画しているので、竪穴区画が不要となっている[資料提供：石川素樹建築設計事務所]

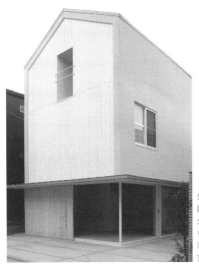

外壁では、大臣認定の準耐火構造(45分)を利用して、羽目板張りを実現している

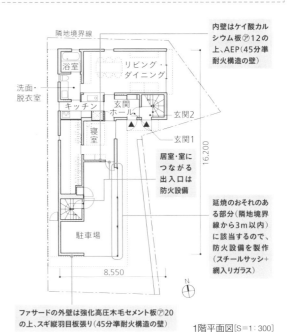

隣地境界線

浴室
洗面・脱衣室
キッチン
寝室
リビング・ダイニング
玄関ホール
玄関2
玄関1
駐車場

16,200
8,550
N

内壁はケイ酸カルシウム板⑦12の上、AEP(45分準耐火構造の壁)

居室・室につながる出入口は防火設備

延焼のおそれのある部分(隣地境界線から3m以内)に該当するので、防火設備を製作(スチールサッシ+網入りガラス)

ファサードの外壁は強化高圧木毛セメント板⑦20の上、スギ縦羽目板張り(45分準耐火構造の壁)

1階平面図[S＝1：300]

※ 床面積が50㎡を超える駐車場は、各地の建築基準条例で防火上の制限が厳しくなることが多い

図 異種用途区画と緩和措置

②異種用途区画の緩和措置（令2国交告250号）

自動火災報知設備を緩和対象用途部分と対象用途部分が接する部分に設ける

緩和となるのはホテル、旅館、飲食店、物販店、児童福祉施設等（通所利用）

緩和対象部分と同一階で隣接する部分は、法別表第1（い）欄（1）の用途、病院、就寝用途がある診察所・児童福祉施設等でないこと

緩和対象部分と同一階以外で隣接する部分は1時間準耐火構造の床・壁・特定防火設備で区画する

事務所
事務所　物販店 600㎡
異種用途区画
自動車車庫（特定用途）1,000㎡

🔲 自動火災報知設備
----- 異種用途区画の免除部分
=== 1時間準耐火構造

①建物の一部が法27条に該当する特殊建築物の場合、特殊建築物の部分とそのほかの部分を耐火構造または準耐火構造（1時間準耐）の床・壁・特定防火設備（遮煙性能を有するもの）で異種用途区画する

共同住宅
住戸A　廊下　住戸B
住戸C　廊下　住戸D
駐車場（床面積≧150㎡）　事務所
法27条に該当する特殊建築
異種用途区画

耐火構造または準耐火構造（1時間）の床で区画
耐火構造または準耐火構造（1時間）の壁で区画

=== 1時間準耐火構造

❸ 物販店と共同住宅

共同住宅（3階建て以上）
異種用途区画
耐火構造または準耐火構造（1時間）の床で区画
物販店

5階建共同住宅の1階と2階が物販店となっている建物。両者の間には防火区画を設ける必要がある

❶ コンビニエンスストアと共同住宅

共同住宅（3階建て以上）
玄関・階段などの共用部分は、共同住宅部分に含むのが望ましい
コンビニエンスストア
異種用途区画

3階以上の部分が住戸となる店舗付き共同住宅。異種用途区画を設ける場合、玄関などの共用部分は共同住宅部分に含むのが望ましい

❹ ホテルとレストラン

ホテルとは管理者が異なるレストラン
ホテル（3階建て以上）
異種用途区画
ホテルの利用者とレストランの利用者は必ずしも同一ではない

ホテルとレストランも異種用途区画の対象。ただし、①管理者が同一、②利用者が一体施設として利用する、③利用時間がほぼ同一といった条件をすべて満たせば、異種用途区画は不要

❷ 共同住宅の住戸部分と自動車車庫

共同住宅（3階建て以上）
異種用途区画
床面積の合計が50㎡を超える自動車車庫

共同住宅に付属する駐車場。駐車場は床面積の合計が50㎡を超えると、共同住宅と異種用途区画が必要になると取り扱われている

図 配管設備を防火区画に貫通させるときのルール

❶ 防火区画との隙間はモルタルで埋める

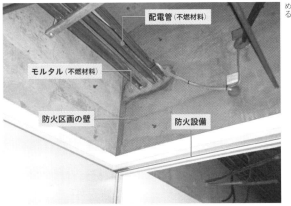

- 配電管（不燃材料）
- モルタル（不燃材料）
- 防火区画の壁
- 防火設備

配電管を防火区画に貫通させている。防火区画の壁を貫通する部分に生まれる隙間はモルタルなどの不燃材料で埋める

❷ 大臣認定取得の工法を利用する

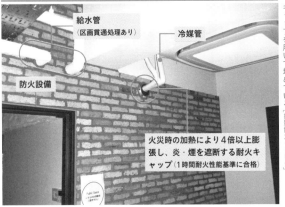

- 給水管（区画貫通処理あり）
- 冷媒管
- 防火設備

火災時の加熱により4倍以上膨張し、炎・煙を遮断する耐火キャップ（1時間耐火性能基準に合格）

エアコンの配管・冷媒配管が防火区画を貫通している様子。防火区画との隙間は国土交通大臣認定取得の耐火キャップを用いて埋めている［撮影協力 カ・リビタ］

❸ 風道には防火ダンパーを設ける

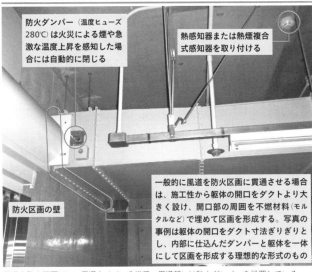

- 防火ダンパー（温度ヒューズ280℃）は火災による煙や急激な温度上昇を感知した場合には自動的に閉じる
- 熱感知器または熱煙複合式感知器を取り付ける
- 防火区画の壁

一般的に風道を防火区画に貫通させる場合は、施工性から躯体の開口をダクトより大きく設け、開口部の周囲を不燃材料（モルタルなど）で埋めて区画を形成する。写真の事例は躯体の開口をダクト寸法ぎりぎりとし、内部に仕込んだダンパーと躯体を一体にして区画を形成する理想的な形式のもの

風道を防火区画（壁）に貫通させている様子。貫通部には防火ダンパーを設置している

① 給水管などの貫通部分の構造の例
［令112条20項・令129条の2の4第1項］
（1）防火区画の壁を貫通する場合

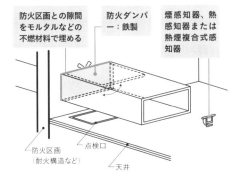

- 防火区画（耐火構造など）
- 防火区画との隙間をモルタルなどの不燃材料で埋める
- 給水管など
- 1m
- 1m

防火区画の両側からそれぞれ1mの部分を不燃材料でつくる

② 風道などの貫通部分の構造
［令112条21項］
（1）防火ダンパーの構造［昭48建告2565号］

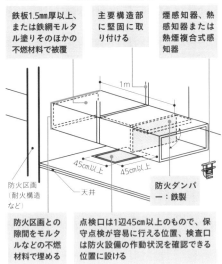

- 防火区画との隙間をモルタルなどの不燃材料で埋める
- 防火ダンパー：鉄製
- 煙感知器、熱感知器または熱煙複合式感知器
- 防火区画（耐火構造など）
- 点検口
- 天井

（2）防火ダンパーの設置方法［平12建告1376号］

- 鉄板1.5mm厚以上、または鉄網モルタル塗りそのほかの不燃材料で被覆
- 主要構造部に堅固に取り付ける
- 煙感知器、熱感知器または熱煙複合式感知器
- 1m
- 防火区画（耐火構造など）
- 45cm以上
- 45cm以上
- 天井
- 防火ダンパー：鉄製
- 防火区画との隙間をモルタルなどの不燃材料で埋める
- 点検口は1辺45cm以上のもので、保守点検が容易に行える位置、検査口は防火設備の作動状況を確認できる位置に設ける

❹ 防火区画が外壁と接する部分（スパンドレル）

a：防火区画の外壁部の標準例

防火区画に接する外壁は、水平・垂直方向とも幅≧90cm を耐火構造または準耐火構造としなければならない

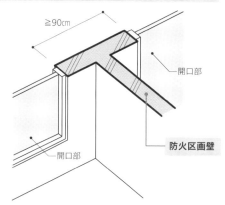

≧90cm
開口部
開口部
防火区画壁

b：防火設備を設置する例

外壁を耐火構造または準耐火構造としなければならない。 90cmの範囲に設ける開口部は防火設備とする

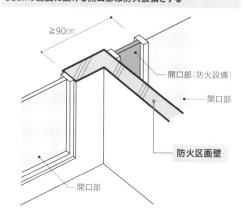

≧90cm
開口部（防火設備）
開口部
防火区画壁
開口部

c：庇などによる代替の例

外壁面から50cm以上突出した耐火構造または準耐火構造 の庇、床、袖壁等がある場合、a・bの設置が不要となる

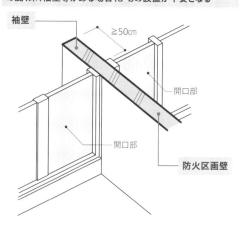

袖壁
≧50cm
開口部
開口部
防火区画壁

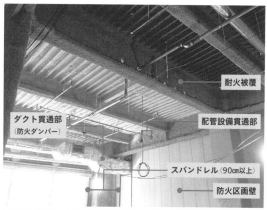

耐火被覆
ダクト貫通部（防火ダンパー）
配管設備貫通部
スパンドレル（90cm以上）
防火区画壁

耐火建築物の防火区画と開口部の取合い。防火区画に接する部分は耐火構造（準耐火構造）の外壁（スパンドレル）などにする必要がある。ただし、異種用途区画については必要がない

❺ 耐火木造における区画貫通処理

耐火木造においても、配管設備が防火区画を貫通する場合は、モルタルなどの不燃材料や耐火キャップなどで処理する必要がある［写真提供：松本設計］

防火区画
大臣認定取得の耐火キャップ

大臣認定取得の耐火キャップを使用した２×４建築物の貫通処理の事例。大臣認定のツーバイフォー工法で認定以外の部品を使用する場合には、日本ツーバイフォー建築協会（２×４協会）の「枠組壁工法耐火建築物の設計・施工の手引き」の仕様に準じること

5 防火上主要な間仕切壁 ［令112条4項・令114条2項］

令112条4項に定める500㎡の面積区画や、学校・児童福祉施設（保育所や高齢者福祉施設など）・旅館・寄宿舎などの建物では、防火上主要な間仕切壁（避難経路とその他の部分とを区画する壁や一定の範囲ごとに区画する壁）を準耐火構造とし、小屋裏まで達せしめなければならない

防煙垂れ壁を天井面から500㎜（500㎜以上必要）を確保しているため、天井より500㎜以内が排煙上有効な開口部となっている［111頁］

木造2階建ての高齢者福祉施設。居室と共用部分（避難経路）との間に設けられた防火上主要な間仕切壁は、小屋裏まで区画する必要があるほか、配管設備を貫通させる場合には貫通部分の耐火処理が必要

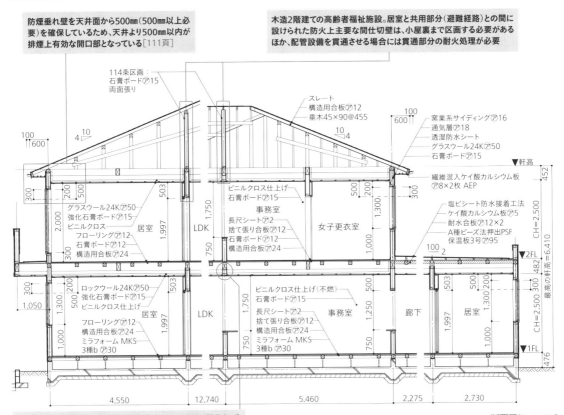

断面図［S=1：120］

構造計画を合理化し、梁せいは基本的に330㎜以下に抑えた。その結果、天井下地・仕上面との間に100㎜の空間が生まれ、梁を貫通することなく、排水・換気ダクトを除く電気設備の配管（電気・スプリンクラー・エアコンなど）は容易に通すことが可能。構造計画が合理的でない場合や大断面集成材を採用する場合は梁せいが大きくなるので、このような空間の確保は難しい

▶防火上主要な間仕切壁の緩和

天井を強化石膏ボード2枚張り（厚さ合計36㎜以上）の強化天井とした場合は小屋裏まで達しなくてもよい［平28国交告694号］。また200㎡以下の階または200㎡以内ごとに防火区画された部分で自動スプリンクラー設備等を設置した部分や平26国交告860号で定める防火上支障がない部分については、防火上主要な間仕切壁の設置が免除される

a：区画は小屋裏まで行う

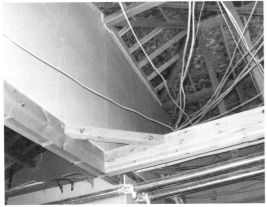

防火上主要な間仕切壁は小屋裏までを範囲とする。仕様は12.5㎜厚の石膏ボード2枚張り＋25㎜厚のグラスウール（24K）

b：貫通部分は不燃ダクトとする

排気ダクトが防火上主要な間仕切壁を貫通する部分はダクトの前後1mを不燃材で被覆し、区画との隙間を不燃材料で埋め、防火ダンパーを設ける

内装制限

1 内装制限の対象と規制内容　[法35条の2、令128条の3の2、令128条の4〜5]

内装制限とは延焼の抑制を目的とした、天井・壁に使用する材料についての規制

	用途・室	対象建築物の構造・規模			内装制限個所（壁および天井）	
		主要構造部が耐火構造または1時間準耐火構造	準耐火建築物	左記以外の建築物	居室など（用途に供する部分）	廊下、階段など
①	特殊建築物　劇場、映画館、演芸場、観覧場、公会堂、集会場	客席の床面積合計≧400㎡	客席の床面積合計≧100㎡		難燃材料（3階以上の居室の天井：準不燃材料）[＊2]	準不燃材料
②	病院、診療所（患者収容施設があるもの）、ホテル、旅館、下宿、共同住宅、寄宿舎、児童福祉施設など[＊1]	その用途に供する3階以上の部分の床面積合計≧300㎡	その用途に供する2階の部分の床面積合計≧300㎡	その用途に供する部分の床面積の合計≧200㎡		
③	百貨店、マーケット、展示場、キャバレー、カフェー、ナイトクラブ、バー、ダンスホール、遊技場、公衆浴場、待合、料理店、飲食店、物販店（物品加工修理業を含む[床面積>10㎡]）	その用途に供する3階以上の部分の床面積合計≧1,000㎡	その用途に供する2階の部分の床面積合計≧500㎡			
④	自動車車庫、自動車修理工場	すべて			準不燃材料	
⑤	地階、または地下工作物内の居室などで①〜③の用途に供するもの					
⑥	大規模建築物（下記を除く）学校など（スポーツ施設を含む）／100㎡以内ごとに防火区画され、特殊建築物の用途でない、高さ≦31mの居室／②の用途に供する高さ≦31mの部分	階数≧3かつ、延べ面積>500㎡　階数=2かつ、延べ面積>1,000㎡　階数=1かつ、延べ面積>3,000㎡			難燃材料[＊2]	
⑦	すべての建築物　排煙上の無窓居室	居室の床面積>50㎡（天井の高さ6m超を除く）			準不燃材料	
⑧	採光上の無窓居室（法28条1項ただし書の温湿度調整作業室等）	すべて（天井高さ6m超を除く）				
⑨	住宅、兼用住宅　内装制限を受ける台所・調理室などなど	主要構造部が耐火構造の場合は免除	階数≧2の建築物の最上階以外の階		準不燃材料	—
⑩	住宅以外の建築物　浴室・ボイラー室など		すべて			—
⑪	地下街の地下道[令128条の3]	—			不燃材料（下地も）	—

＊1　主要構造部が耐火構造または準耐火構造で、共同住宅の住戸で200㎡、その他の場合は100㎡以内ごとに準耐火構造の壁・床・防火設備で区画された居室部分は適用除外
＊2　床面から1.2ｍまでの部分（腰壁）は適用除外

❸ 大規模建築物

防火区画

大規模なスポーツ観戦施設。壁・天井は難燃材料仕上げとする一方、廊下・階段などについては準不燃材料仕上げとする

廊下の天井・壁については準不燃材料以上の仕上げとする

❶ 百貨店（居室）

百貨店の居室（3階）

3階以上の延べ面積が1,000㎡超える耐火建築物の百貨店。居室の壁・天井は準不燃材料で仕上げる

壁・天井は準不燃材料仕上げ以上とする

❹ 地下街

地下道

地下街は内装制限が特に厳しい。地下道の壁・天井は下地・仕上げともに不燃材料とする。難燃材料・準不燃材料の使用は不可

壁・天井は下地・仕上げともに不燃材料で仕上げる

❷ 百貨店（廊下・階段）

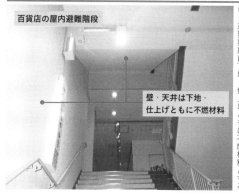

百貨店の屋内避難階段

百貨店の廊下・階段は、壁・天井を準不燃材料以上の仕上げとする。難燃材料を使用することはできない。避難階段は下地・仕上げともに不燃材料とする

壁・天井は下地・仕上げともに不燃材料

2 内装制限の緩和（その1）　　［令2国交告251号］

次の①～④のいずれかに該当する場合は内装制限が適用されない［令2国交告251号］

対象部分	緩和要件	緩和されないもの
居室 建築物の部分	① 床面積≦100㎡、天井高さ≧3mで、それ以外の部分と間仕切り壁、防火設備［＊1］で区画されたもの ② 避難階または避難階の直上階にある延べ面積≦500㎡で、自動火災報知設備、スプリンクラー設備等［＊2］、屋外への出口等［＊3］を設置したもの	以下のAおよびBに該当するもの A 法別表1（い）欄（1）の用途、病院、就寝用途のある診療所・児童福祉施設等 B 排煙無窓居室、採光無窓居室（法28条1項ただし書きの温湿度調整作業室など）、自動車車庫または自動車修理工場、地階または地下工作物内の法別表1（い）1項、2項、4項の用途のもの、内装制限を受ける調理室等
	③ 天井を不燃材料とし、スプリンクラー設備等［＊2］を設けたもの	上記Bに該当するもの
	④ スプリンクラー設備等［＊2］と排煙設備を設けたもの	なし

＊1 スプリンクラー設備等を設けた場合は10分間防火設備
＊2 スプリンクラー設備、水噴霧消火設備、泡消火設備などで自動式のもの
＊3 屋外への出口、バルコニー、屋外への出口に近接した出口等をいい、当該部分から屋外への出口等を経て道まで避難上支障のないもの（技術的助言で避難経路の歩行距離や通路幅が示されている）

3 内装制限の緩和（その2）　　［平12建告1439号］

難燃材料の内装制限を受ける居室は、平12建告1439号にもとづいて天井を準不燃材料で仕上げれば、壁・柱を木材仕上げにできる。内壁が防煙区画を兼ねる場合は、その部分を不燃木材を使用し、内装を木材仕上げにすることが可能

防煙区画壁（仕上げは不燃シナ合板）［113頁］

壁は構造用合板

柱・間柱は露し

天井は吸音効果もある不燃材料の岩綿吸音板とした（準不燃材料以上）

梁（ベイマツ）は露しのうえ、基材と合わせて準不燃材料となる塗料で塗装（木材準不燃防火塗装材）

内装制限の対象となる保育所（児童福祉施設）の居室。平12建告1439号により天井を準不燃材料仕上げ、柱と壁を木部露しとしている。ただし、延べ面積が500㎡を超えるため排煙設備が必要で、防煙区画のため壁の一部を不燃木材による防煙壁（不燃材料）とした

この建物は木造2階建ての「認定こども園」（保育所）。保育室は1階のみに配置しているので、準耐火・耐火建築物にしていない［児童福祉施設の設備及び運営に関する基準32条8号］。
延べ面積は970.94㎡で、200㎡以上となるため内装制限の対象となる［99頁］

平12建告1439号による木材の固定方法

壁は化粧構造用合板12mm厚の上、オイルステイン・ウレタンクリア（OSUC）。柱・間柱もOSUC仕上げ。12mm厚（10～25mm未満）なので、壁内部での火炎伝搬を有効に防止した柱・間柱に取付けた

外壁の屋内側の壁については、天井を準不燃材料で仕上げているので（平12建告1439号に準拠）、構造用合板（木材等）を露しにできた

平12建告1439号とは

難燃材料による内装と同等の内装を定めた告示で、天井を準不燃材料で仕上げて不燃性能を強化すれば、壁を木材等で仕上げても難燃材料の内装と同等になるというもの。「①材料の組合せ」と、「②木材等の取付け方法」とが示されており、これに従えば壁の仕上げを木材等にすることができる

①材料の組合せ
天井→準不燃材料（石膏ボード12.5mm厚など）
壁→木材等（木材・合板・構造用パネル・パーティクルボード・繊維板など）
②木材等の取付け方法
A：木材表面に火炎伝搬を助長するような溝を設けない
B：木材の厚さによって以下の取付け方法とする
　　10mm厚未満→難燃材料の壁に直接取付ける
　　10～25mm厚未満→壁内部での火炎伝搬を有効に防止した柱・間柱・胴縁等［※］、または難燃材料の壁に直接取付ける
　　25mm厚以上→取付け方法は問わない

※ 相互の間隔が1m以内に配置された柱、間柱その他の垂直部材および梁、胴縁その他の横架材

基本

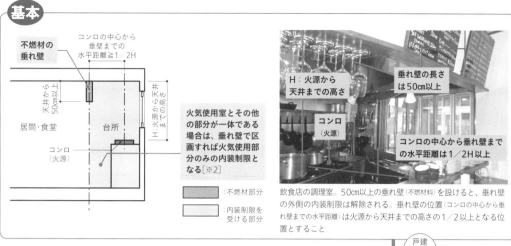

不燃材の垂れ壁

コンロの中心から垂壁までの水平距離≧1／2H

天井から50cm以上

H：火源から天井までの高さ

居間・食堂　台所

コンロ（火源）

火気使用室とその他の部分が一体である場合は、垂れ壁で区画すれば火気使用部分のみの内装制限となる[※2]

：不燃材部分

：内装制限を受ける部分

H：火源から天井までの高さ

垂れ壁の長さは50cm以上

コンロ（火源）

コンロの中心から垂れ壁までの水平距離は1／2H以上

飲食店の調理室。50cm以上の垂れ壁（不燃材料）を設けると、垂れ壁の外側の内装制限は解除される。垂れ壁の位置（コンロの中心から垂れ壁までの水平距離）は火源から天井までの高さの1／2以上となる位置とすること

戸建住宅の場合は

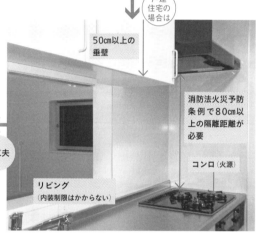

50cm以上の垂壁

消防法火災予防条例で80cm以上の隔離距離が必要

コンロ（火源）

リビング（内装限はかからない）

コンロ（火源）のある調理室。リビングとの間には垂れ壁を設けている。リビング側には内装制限がかからない[撮影協力　設計事務所アーキプレイス]

一工夫

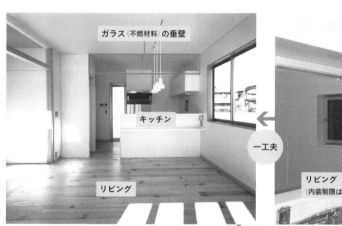

ガラス（不燃材料）の垂壁

キッチン

リビング

緩和も

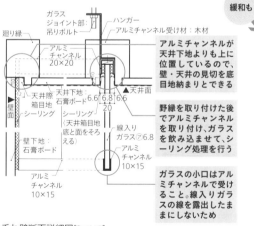

ガラスジョイント部：吊りボルト

ハンガー

アルミチャンネル受け材：木材

廻り縁

アルミチャンネル20×20

天井際箱目地シーリング

天井下地：石膏ボード　6.6 6.8 6.6 20

シーリング（天井箱目地底と面をそろえる）

壁面

壁下地：石膏ボード

線入りガラス⑦6.8

アルミチャンネル10×15

アルミチャンネル10×15

アルミチャンネルが天井下地よりも上に位置しているので、壁・天井の見切を底目地納まりとできる

野縁を取り付けた後でアルミチャンネルを取り付け、ガラスを飲み込ませて、シーリング処理を行う

ガラスの小口はアルミチャンネルで受けること。線入りガラスの線を露出したままにしないため

垂れ壁断面詳細図[S=1:5]

ガラス（不燃材料）の垂れ壁を設けた事例。キッチン・リビングの一体感を演出しつつ、火災時には延焼を防ぐ[資料提供　小林真人建築アトリエ]

天井仕上げはウォルナットの羽目板

垂れ壁不要

IHクッキングヒーター

IHクッキングヒーター（電磁誘導加熱式調理機）は、加熱・調理に火気を使用しないことから、内装制限はかからない[※3]［写真提供　カガミ建築計画］

※1　主要構造部を耐火構造としたものは火気使用室の内装制限は適用されない
※2　階数2以上の住宅の火気使用室で、最上階にあるものは内装制限の対象外
※3　消防法火災予防条例などにより、調理器と周囲の離隔距離などについて規制があるので注意が必要

4 火気使用室の内装制限の緩和　　　　　　　　　［平21国交告225号］

シナ合板（可燃材料）の上、クリアラッカー塗装

リビング、ダイニング側に伸ばした下がり天井に間接照明を設置

235 − 150 = 85cm

石膏ボード12.5mm厚（告示で定められた不燃材料）の上、エンドパネル

150cm (<155cm)

コンロ正面は耐熱ガラス、側面はキッチンパネル（いずれも不燃材料）

こんろ垂直距離（h）が155cm以下の場合

235− h cm

h cm

80cm

火源

25cm　80cm

下地・仕上げを特定不燃材料とする部分

下地・仕上げともに特定不燃材料とするか、下地が特定不燃材料でない場合は仕上げを石膏ボード⑦12.5以上などの不燃材料とする部分

図の範囲以外の部分は難燃材料または木材、合板、構造用パネル、パーティクルボードなどで仕上げることができる

注　hはコンロ加熱部中心点から天井までの距離
　　また、火源がコンロの場合、1口4.2Kw／h以下の調理専用のものに限る

平21国交告225号による緩和とは

火気使用室は天井と壁を準不燃材料としなければならないが、平21国交告225号は、この準不燃材料による内装と同等の内装を定めた告示。火源と壁・天井の位置関係から内装制限の範囲を3種類に分け［107頁］、その範囲内（火気使用設備周辺）の内装の不燃性を強化すると、範囲外については難燃材料または平12建告1439号第1第2号に示された木材等で仕上げることが可能となるというもの。戸建住宅（専用住宅および兼用住宅（非住宅が50㎡以下かつ延べ面積の1／2以下のもの）で排煙無窓の居室を有しないもの）以外にも適用できるが、令128条の5第1〜5項の内装制限を受けるもの、ホテル、旅館、飲食店等の厨房には適用できない

5 柱や梁などの木部が露出する場合の取り扱い

内装制限が適用される壁や天井部分に柱・はりなどの木部が露出する場合は、柱・はりなどの室内に面する部分の表面積が壁面および天井面の面積の1/10以下であれば、露出部分は内装制限の対象としない

天井は準不燃材料
（石膏ボード9.5mm厚の上、クロス）

家具の扉は内装制限の対象外　ガスコンロ

火災予防条例でコンロから可燃物（壁や吊戸棚を含む）までの離隔距離が定められており、コンロからその距離以内の部分は下地、仕上げを不燃材料としたり防熱板を張ったりしなければならないので注意が必要

内装制限の適用を受ける壁や天井に不燃材料でない照明器具カバーを設ける場合は、表面積の合計を天井面積の1／10以下とする規定が通達されている［昭和45住宅指発35号］。柱やはりなどの木部が室内に露出する場合もこれに準じて、露出する部分の表面積は各設置面の1／10以下とするよう運用されている。なお、柱や梁の露出部分の表面積は、設置面に接する部分を除くコの字の3面で計算する。また、木製以外の不燃材料でない装飾用塩ビシートなどにもこの取り扱いが適用される

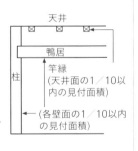

天井

鴨居

竿縁（天井面の1／10以内の見付面積）

柱

（各壁面の1／10以内の見付面積）

壁・天井ともに準不燃材料仕上げ

梁は天井見付け面積の1／10以下

LDKをワンルーム化して一体化。梁の見付け面積は2.52㎡、天井の見付け面積26.50㎡の1／10以下に該当するので、梁の部分を除いた天井面を準不燃材料で仕上げればよい

Column 「延焼のおそれのある部分」の外壁に下見板を張る

準防火地域にある木造2階建て戸建住宅を町屋風に改修する際に、採用したかった押縁下見板張り。ただし、延焼のおそれのある部分については、外壁・軒裏を防火構造にしなければならない。この場合、告示で規定される防火構造（内装被覆も必要）を外壁下地に採用すれば、木材（可燃材料）による下見板張りが低コストで実現できる。

チェックポイント

□ 防火構造を用いた下見板張り

外壁や軒裏を告示［平12建告1359号や平12建告1362号など］で例示された防火・準防火構造とし、その上に表面材として木材などの可燃材料を張る場合は、下地の性能により、防火性能が確保されているとみなされる。耐火構造・準耐火構造の場合も同様である［※1］

平12建告1359号…外壁の防火構造についての告示

平12建告1362号…木造建築物等の外壁について、延焼のおそれのある部分の構造方法を定めた告示［※2］

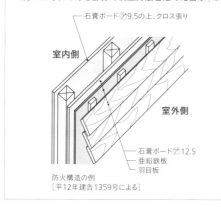

室内側 ┄ 石膏ボード⑦9.5の上、クロス張り
室外側
石膏ボード⑦12.5
亜鉛鉄板
羽目板

防火構造の例
［平12年建告1359号による］

押縁下見板張り

既存サッシを撤去したうえで、防火設備とし、その上から木製ルーバーを取り付けた［109頁］

①軒裏は厚さ30mmの野地板を露しとしている。45mmの木面戸を施工し防火性能を確保（国土交通大臣認定）

②漆喰風の小屋裏外壁は通気層の外側に、鉄網モルタルを塗り、弾性リシンで仕上げている

玄関扉は既存の木製建具をそのまま使用。防火構造の外壁で延焼ラインを遮っているため、防火設備には変更していない

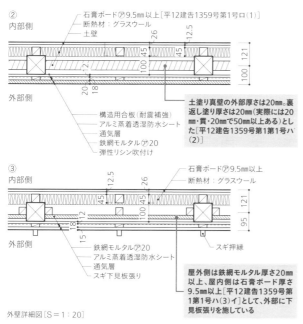

②
内部側 ┄ 石膏ボード⑦9.5mm以上［平12建告1359号第1号ロ(1)]
断熱材：グラスウール
土壁
26 45 45 12.5
121 100
20 18
外部側
構造用合板（耐震補強）
アルミ蒸着透湿防水シート
通気層
鉄網モルタル⑦20
弾性リシン吹付け

土塗り真壁の外部厚さは20mm。裏返し塗り厚さは20mm（実際には20mm・貫・20mmで50mm以上ある）とした［平12建告1359号第1号第1号ハ(2)]

③
内部側 ┄ 石膏ボード⑦9.5mm以上
断熱材：グラスウール
12.5 26 45 45
121 100 95
18 12
15
外部側
鉄網モルタル⑦20
アルミ蒸着透湿防水シート
通気層
スギ下見板張り
スギ押縁

屋外側は鉄網モルタル厚さ20mm以上、屋内側は石膏ボード厚さ9.5mm以上［平12建告1359号第1号第1号ハ(3)イ]として、外部に下見板張りを施している

外壁詳細図［S＝1：20］

※1 ただし、この扱いは告示に示された構造方法の表面に可燃材料を張る場合であり、大臣認定の防火構造については表面材を含めた認定が必要である［104頁］
※2 この告示で示された構造方法は、一般的に準防火構造と呼ばれる
解説：林正人／林建築設計工房＋奥村設計室　写真：やまはらのぶひろ

大臣認定を取得している
既製の木製サッシを使用

仕上げは焼スギ板の縦羽目板張り。
継手は相決としている[※]

無機質系ボード(ダイライト)を下地に用いた大臣認定
の防火構造を採用。木材仕上げとする場合は内装側
への被覆(石膏ボード9.5mm厚以上)が必要となる(窯業系
サイディングの場合は内装被覆しなくてよい)

準防火地域にある戸建住宅では、延焼のおそれのある部
分の外壁を防火構造にする必要があるものの、大臣認定
の防火構造を採用すれば、木材を仕上材として採用するこ
とができる。特に、外壁全面を羽目板張りとしたい場合に
は、大臣認定の防火構造を採用するのが望ましい。

チェックポイント

□防火・準防火地域において外壁を防火構造とするケースで、
羽目板張りを実現するには、告示に示された防火構造[平
12建告1359号]の外壁表面に木材を張る方法[103頁]の
ほか、下地・内外装仕上材を含む認定を取得している大臣
認定の防火構造を用いる方法がある。(この建物では告示仕様
を用いた外壁全面の羽目板張りが認められなかった)価格の高い不
燃木材ではなく、通常の木材が使用できるため、コスト面
のメリットが大きい

外壁:焼スギ
縦羽目板張り
保護塗料

12.5 | 72 | 105 | 15
(12) 19
232.5

石膏ボード⑦12.5の上、
クロス張り
(72mmふかす)

無機質系ボード
(ダイライト)

気密パッキン

階段踊場下

105
20

見切材:
アルミアングル
45×25×2

740

48.5
150
34
35
2
20

防虫網
基礎断熱

185
330

通気用欠込み
35×20

30 60
30

焼スギ縦羽目板張
りと基礎立上りの
面を揃えている

断面図[S=1:20]

表 木材仕上げにできる大臣認定の防火構造

無機質系ボード(ダイライト)を使用した大臣認定の防火構造「PC030BE-2984」で
は外壁に木材を張ることができる。認定を取得した主な構成材料は下記のとおり

外装材 木材	樹種 (1)～(7)のうち、いずれか1つの仕様とする (1)スギ (2)ヒノキ (3)ベイマツ (4)アカマツ (5)スプルース (6)パイン (7)ヒバ (8)カラマツ (9)ベイスギ 比重0.36±0.08以上厚さ 9±0.5mm以上／寸法 最大:455×4,000mm 最小: 110×1,500mm
外装 下地材	火山性ガラス質複層板(大臣認定番号:QM-9142) 規格 JIS A 5440／12mm以上
断熱材	人造鉱物繊維断熱材(1)～(2)のうち、いずれかの仕様とする (1)グラスウール[平12建告1400号] 規格JIS A 9521／厚さ50mm以上・密度10kg／m³以上 (2)ロックウール[平12建告1400号] 規格JIS A 9521／厚さ50mm以上・密度10kg／m³以上
内装材	(1)～(2)のうち、いずれかの仕様とする (1)石膏ボード[平12建告1401号] 規格 JIS A 6901／厚さ9.5mm以上 (2)強化石膏ボード[平12建告1400号] 規格 JIS A 6901／厚さ12mm以上 端部形状 (1)～(3)のうち、いずれかとする (1)ベベル (2)テーパ (3)スクエア

※ 認定防火構造「PC030BE-2984」で縦羽目板張りを行う場合は、継手を、①相決(欠損あり仕様)、②本実(欠損有り仕様)、③突付け、④突付け目板張り、のいず
れかとする必要がある

解説:瀬下直樹+瀬下淳子／セシモ設計
写真:吉村昌也

防火上有効な袖壁
[107頁]（耐火構造）

玄関脇

防火地域で、敷地いっぱいに建物を計画した RC造3階建ての戸建住宅。RC造の外壁を中庭部分から玄関の袖壁までのばし、ぐるっと2周半させている。これにより、玄関扉と中庭に面する建具は防火設備とする必要がなく、木製の建具を採用した

玄関を木製建具とするための防火上有効な袖壁は、建物全体のデザインに大きな影響を与える。ならば発想を変えて、袖壁を手掛かりとしてデザインしてみるのはどうだろう。1つの答えとして、「袖壁を起点に外壁をぐるぐる巻きにする」という考え方がある[87頁]。

中庭に設けられた開口部は延焼のおそれのある部分に該当するが、RC壁で囲われているので、防火設備にしなくてもよい

2階のステンドグラスは袖壁上なので、防火設備とする必要がある。この場合はステンドグラスと防火ガラス（網入りガラスもしくは耐熱強化ガラス）の2重ガラスとする方法、防火ガラスをステンドグラス加工にする方法などが考えられる

玄関の木製建具はオーク無垢板縦羽目板張り。枠はステンレスで構成

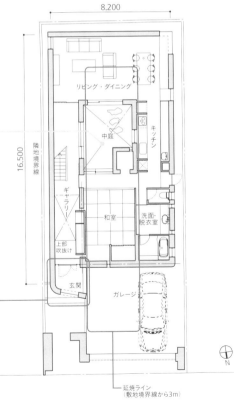

8,200

リビング・ダイニング

キッチン

中庭

隣地境界線

16,500

ギャラリ

和室

洗面・脱衣室

上部吹抜け

玄関

ガレージ

N

延焼ライン
（敷地境界線から3m）

1階平面図［S＝1：250］

解説：中佐昭夫／ナフ・アーキテクト＆デザイン
写真：矢野紀行

防火シャッターを収納するボックス。屋根の材料に合わせてガルバリウム鋼板とした

防火・準防火地域において、延焼のおそれのある部分の開口部は、予算的に網入りガラスの既製品アルミサッシを用いることが多くなるが、防火シャッターを用いれば、網入りガラスがなくても防火戸として法規制をクリアできる。防火シャッターの内側を木製建具にすることも可能となるうえ［※］、防火シャッターそのものは普段収納されているので、デザインとしても、その存在は気にならない。

鋼製の防火シャッターを用い、サッシの防火性能を問わない「防火シャッター」を使用し、枠に合わせて防火設備の必要がない木製建具は製作した。デザインの自由度が高い。防火性能のあるシャッターには、もう少し安価で、サッシと一体の、木造用の住宅防火戸対応品であればサッシ障子・ガラスの防火性能は不要な「シャッター付きサッシ」もあるが、「防火シャッター」の方がデザインの自由度が高い

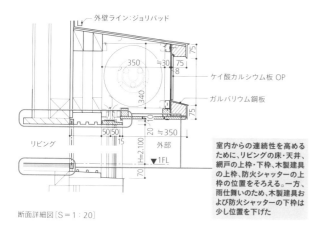

外壁ライン：ジョリパッド

350 ≒30 75
75
8

ケイ酸カルシウム板 OP

340

ガルバリウム鋼板

75

リビング

50 50
15

20 ≒350
10

外部

H=2,100

▼1FL

70

室内からの連続性を高めるために、リビングの床・天井、網戸の上枠・下枠、木製建具の上枠、防火シャッターの上枠の位置をそろえる。一方、雨仕舞いのため、木製建具および防火シャッターの下枠は少し位置を下げた

断面詳細図［S＝1：20］

台風・豪雨時などは、防火シャッターを閉める。木製建具の枠を防火シャッターの枠に合わせているので、室内からは鋼製枠がほとんど見えない納まりに

※　告示仕様の鋼製防火設備は、不燃材料の開口部に取り付けるとともに、屋内側15cmまでのところには木製建具を取り付けることができないが、この建物は大臣認定の防火シャッターのため認められた
解説：西久保毅人／ニコ設計室

レンジフード（こんろ）まわりの告示に定める短期加熱の影響を受ける範囲を12.5mmの石膏ボードで仕上げることで、それ以外の天井を木材で仕上げることができた

ベイマツの上、塗装仕上げ

火気使用室には、内装制限の緩和規定として平21国交告225号がある［※1］。こんろと壁・天井の位置関係から内装制限の範囲を決定する方法で、内装制限の範囲が限定されるため、デザインの自由度が上がる。

チェックポイント

□平21国交告225号
こんろのある火気使用室は、火源周辺の下図の範囲内の内装を強化することで、図の範囲外の部分に木材などの可燃材料の使用が許容される［102頁］。下図に長期加熱と短期加熱［※2］による可燃物の燃焼範囲の考え方を示す

a 火炎が天井に到達しない場合
（こんろ垂直距離h≧235cm）［※3］

b 火炎が天井に到達する場合
（155cm≦こんろ垂直距離h<235cm）

c 火炎が天井に到達する場合
（こんろ垂直距離h<155cm）

注　火源がこんろの場合は、1口4.2kW/S以下の調理専用のものに限る

h：こんろ垂直距離
　長期加熱による可燃物燃焼範囲（仕上げおよび下地とも特定不燃材料）
　短期加熱による可燃物燃焼範囲（以下の①または②のいずれか）
　①下地・仕上げとも特定不燃材料
　②下地が特定不燃材料でない場合は仕上げを12.5mm厚以上の石膏ボードなどとする

特定不燃材料［※4］
①コンクリート
②レンガ
③瓦
④陶磁器質タイル
⑤繊維強化セメント板
⑥厚さが3mm以上のガラス繊維混入セメント板
⑦厚さが5mm以上の繊維混入ケイ酸カルシウム板
⑧鉄鋼
⑩金属板
⑫モルタル
⑬漆喰
⑭石
⑮厚さが12mm以上の石膏ボード（ボード用原紙の厚さが0.6mm以下のものに限る）
⑯ロックウール
⑰グラスウール板

※1　戸建て住宅以外にも適用可能だが、令128条の5第1～5項の内装制限を受けるものやホテル、旅館、飲食店等の厨房などには適用できない
※2　長期加熱とは通常の調理などの継続的加熱、短期加熱とはてんぷら油火災のような異常時の数分程度の加熱
※3　こんろ垂直距離：こんろの加熱部の中心点から天井までの垂直距離
※4　不燃材料のなかで限定された材料（平12建告1400号の第1～8号、第10号、第12～17号）

解説：山中祐一郎／S.O.Y.建築環境研究所

天井にあるスチール製のメガネ板。断熱2重煙突が天井から屋根を貫通する部分のまわりには、告示にしたがって小屋裏の燃焼防止のため、天井側にケイ酸カルシウム板を巻いている［平16国告1168号］

下地は準不燃材料の石膏ボード9.5mm厚として、天井は5.5mm厚のシナ合板で仕上げた

「ストーブ等可燃物燃焼部分」を限定する遮熱板等（特定不燃材料）

木造2階建て戸建住宅の1階に薪ストーブを設置する場合は火気使用室として内装制限を受ける。上部が吹抜けの場合は、2階も対象。ただし、平21国交告225号により「ストーブ等の可燃物燃焼部分」から外れる場合は、木材（可燃材料）を仕上げに使用することが可能。

チェックポイント

□薪ストーブを使用する際の内装制限
　薪ストーブの使用に伴う内装制限は、台所などの火気使用室と同様の扱い。本件は「1秒間当たりの発熱量が18kW以下」の薪ストーブの場合として、下記②の緩和規定（火気周辺を「特定不燃材料」とすれば、輻射熱などの影響が少ない部分は「木材等」とできる規定）が適用できる

①令128条の5第1項2号イにもとづく方法
火気使用室全体の壁と天井の仕上げを準不燃材料以上とする
②準不燃材料同等告示［平21国交告225号］にもとづく方法（a～cのいずれか）
a：ストーブを壁（天井）から隔離し壁（天井）が「ストーブ等可燃物燃焼部分」の範囲外となるようにする
b：「ストーブ等可燃物燃焼部分」の下地・仕上げを特定不燃材料とする
c：「ストーブ等可燃物燃焼部分」に遮熱板等（特定不燃材料）と空気層を設ける
薪ストーブを壁の近くに設置する場合
Point1→空気層（遮熱板と壁との距離）は2.5cm以上とすること
Point2→遮熱板等（厚みを含む）とストーブとの距離は27.5cm以上とする（併せて、ストーブの各部分と壁との距離を可燃物燃焼水平距離Lsの1/3以上かつ30cm以上確保すること）

□可燃物燃焼距離
　可燃物燃焼距離について、鉛直距離はストーブの水平投影面積AH、水平距離は垂直投影面積Avを計算式に代入して求める。本事例のように、吹抜けの壁際に薪ストーブを設置する場合は可燃物燃焼水平距離Lsの数値が重要となる。算定式は以下のとおり

ストーブ面の状況	可燃物燃焼水平距離Ls
開口部面（ガラスあり）	$L_{sop} = 2.40\sqrt{A_v}$
開口部面（ガラスなし）	$L_{sop} = 3.16\sqrt{A_v}$
開口部面以外	$L_{ssi} = 1.59\sqrt{A_v}$

本事例では、薪ストーブの鉛直投影面積Av（裏面）は40×58.9＝2,356cm²。壁に向き合う面には薪ストーブの開口部がないので、$L_{ssi} = 1.59\sqrt{2,356} = 77.18$cmとなる

遮熱板とストーブとの距離は35cmで、27.5cm以上かつ可燃物燃焼水平距離Ls＝77.18cmの1／3以上（25.73cm）かつ30cm以上を確保している

遮熱板
ストーブ
350　400
遮熱板と壁の間には2.5cm以上のクリアランスが必要

平面図［S＝1：30］

天井にあるメガネ板は、煙突を可燃物である木材から離して設置したことで生じた天井の隙間をふさぐためのもの（煙突は建築物の部分である木材そのほかの部分から15cm以上離して設けなければならない［令115条1項3号］）

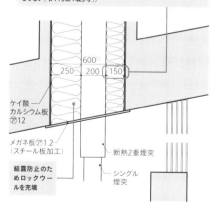

600
250　200　150
ケイ酸カルシウム板ⓣ12
メガネ板ⓣ1.2（スチール板加工）
結露防止のためロックウールを充填
断熱2重煙突
シングル煙突

断面図［S＝1：30］

解説：石井正博／設計事務所アーキプレイス

Part 6
避難

防煙・排煙

1 排煙設備を必要とする建築物　[令126条の2]

下表1のような特殊建築物や大規模な建築物、無窓の居室などには火災時に煙の広がりを防ぐための排煙設備が必要。間仕切壁や垂れ壁などの防煙壁で建物内を区画し、蓄煙された煙を排煙口から屋外に排出する。平12建告1436号4号では、排煙設備の緩和を定めている

表1 排煙設備が必要な建築物 [令126条の2]

対象となる建築物またはその部分 [*]			設置が免除される建築物とその部分	
① 特殊建築物 （法別表1（い）欄 （1）〜（4））	（1）劇場、映画館、集会場など	延べ面積＞500㎡	なし	（1）階段の部分、昇降路の部分、乗降ロビーその他これらに類する建築物の部分 （2）機械製作工場、不燃性物品倉庫などで、主要構造部が不燃材料のもの、その他同等以上に火災の発生のおそれの少ない構造のもの （3）平12建告1436号4号に該当する建築物の部分
	（2）共同住宅、病院、診療所（病室があるもの）、ホテル、児童福祉施設等など		100㎡以内に防火区画された部分（共同住宅の部分は200㎡以内）	
	（3）学校、美術館、図書館、スポーツ練習場など		学校、スポーツ練習場など	
	（4）百貨店、展示場、ナイトクラブ、飲食店、物販店舗など（＞10㎡）		なし	
② 階数≧3で、延べ面積＞500㎡の建築物（階数は地下を含めて算定する）			高さ≦31mの部分で100㎡以内ごとに防煙区画された居室	
③ 居室	延べ面積＞1,000㎡の建築物で、1室の床面積＞200㎡の居室			
④	排煙上の無窓居室（令116条の2第1項2号に該当する開口部を有しない場合）		なし	

※ 建築物が準耐火構造の壁・床及び防火設備で区画されている場合や、建築物の2以上の部分が特定空間（アトリウムなど高さ6m以上の吹抜け）に接し、令2国交告663号に定める構造の場合は、それぞれ別の建築物とみなして排煙の規定を適用する

図 排煙設備が免除される建築物とその部分

延べ面積が500㎡を超える共同住宅だが、住戸は200㎡ごとに防火区画し、廊下は排煙告示を適用してそれぞれ排煙設備を不要とした

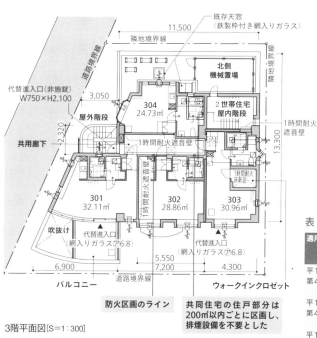

3階平面図[S＝1：300]

防火区画のライン

共同住宅の住戸部分は200㎡以内ごとに区画し、排煙設備を不要とした

準耐火構造の壁　防火設備

廊下については、[平12建告1436号4号ニ（1）]の基準を満たしているので、排煙設備が不要（廊下は室に該当する）

表2 [平12建告1436号4号ニ]による排煙設備の免除

適用条項	建築物の部分	室等の種類	区画面積	区画方法	内装制限	屋内に面する開口部
平12建告1436号第4ニ（1）	≦高さ31m	室[※1]	——	——	準不燃材料	防火設備または戸[※4]
平12建告1436号第4ニ（2）			≦100㎡	防煙間仕切壁[※2]	——	防煙垂れ壁[※2]
平12建告1436号第4ニ（3）		居室[※1]	≦100㎡	防火区画[※3]	準不燃材料	防火設備[※5]
平12建告1436号第4ニ（4）			≦100㎡	防煙間仕切壁[※2]	不燃材料（下地とも）	防煙垂れ壁[※2]

※1 法別表第1（い）欄の特殊建築物の主たる用途に供する部分で、地階に存する部分を除く／※2 防煙壁は、間仕切壁や天井面から下に50cm以上突き出した垂れ壁で不燃材料でつくるか、覆われたもの。その他これらと同等以上に煙の流動を妨げる効力のあるもの／※3 準耐火構造の床・壁、法2条9号の2ロに規定する防火設備で区画／※4 居室、避難経路に面する開口部：「常時閉鎖式防火設備」または「煙感または熱感連動随時閉鎖式防火設備」それ以外の開口部は戸または扉を設ける／※5 「常時閉鎖式防火設備」または「煙感または熱感連動随時閉鎖式防火設備」

2 自然排煙設備と機械排煙設備 ［令126条の3］

排煙設備には屋外に面する窓などを排煙口とし直接屋外に排煙する自然排煙設備と、排煙口に風道（ダクト）を接続し排煙機により排煙する機械排煙設備とがある。どちらも手動開放装置を以下の定められた位置に使用方法を表示して設け、排煙口は開放装置により開放された場合を除き閉鎖した状態を保持し、排煙時に生じる気流により閉鎖されない構造のものとする。

②機械排煙設備

排煙風道は木材等の可燃材料から15cm以上離して設ける

排煙機は排煙口の開放に伴い自動的に作動し、排煙容量≧120㎥/分かつ防煙区画面積1㎡あたり≧1㎡のものとする

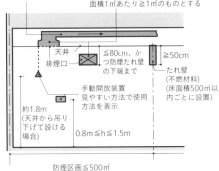

天井
排煙口

≦80cm、かつ防煙たれ壁の下端まで

≧50cm

たれ壁（不燃材料）（床面積500㎡以内ごとに設置）

手動開放装置 見やすい方法で使用方法を表示

0.8m≦h≦1.5m

約1.8m（天井から吊り下げて設ける場合）

防煙区画≦500㎡

①自然排煙設備

排煙口は、隣地境界線や建築物の部分から有効で25cm以上の空間を確保する

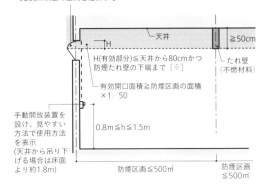

天井

≧50cm

H（有効部分）≦天井から80cmかつ防煙たれ壁の下端まで［※］

たれ壁（不燃材料）

有効開口面積≧防煙区画の面積×1／50

手動開放装置を設け、見やすい方法で使用方法を表示（天井から吊り下げる場合は床面より約1.8m）

0.8m≦h≦1.5m

防煙区画≦500㎡

防煙区画≦500㎡

図 自然排煙設備の例

❶ 内倒し窓

ダンパー

普段は閉鎖している

内倒し窓は道路上に突出しないので、有効開口面積を取りやすい。ただし、室内側への配慮が必要である

❷ 外倒し窓

普段は閉鎖している

ダンパー

外倒し窓については、開閉による敷地境界線への突出に注意が必要。雨天への備えも必要となる

▶回転窓などの開口部の取扱い（①～③：縦軸回転の場合も同様）

①内倒し窓　　②回転窓

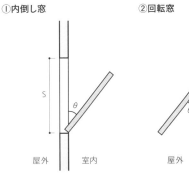

S

θ

屋外　室内

S

θ

屋外　室内

③外倒し窓　　④ガラリ

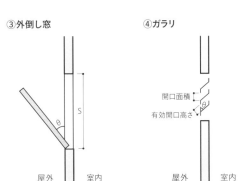

θ

S

屋外　室内

開口面積

有効開口高さ

θ

屋外　室内

いずれも
90°≧θ>45°のとき有効開口面積=S
45°≧θ>0°のとき有効開口面積=θ／45°×S
1の防煙区画にのみ設置される排煙口は常時開放状態のガラリなどでもよい。その場合、**手動開放装置は不要**

※ 天井高さ（勾配天井の場合は平均天井高さ）が3m以上の場合は、排煙口は、床面から2.1m以上かつ天井高さの1/2以上で、防煙垂れ壁の下端から上方にある部分が有効開口部分となる（平12建告1436号3号）

図 防煙区画と防煙壁・排煙口の配置

❶ 防煙区画と防煙壁

50cm以上

ガラスの防煙垂れ壁

延べ床面積500㎡を超える
商業施設

延べ面積が500㎡を超える商業施設（ガラス・線入りガラスまたは網入りガラス）の防煙垂れ壁を天井面から50cm以上突出して設置して、煙の流動を防いでいる。ガラスであれば視界も遮らない

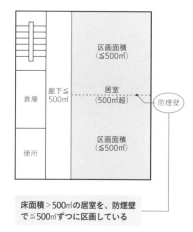

	区画面積 （≦500㎡）	防煙壁
倉庫	廊下≦ 500㎡ 居室 （500㎡超）	
便所	区画面積 （≦500㎡）	

床面積>500㎡の居室を、防煙壁
で≦500㎡ずつに区画している

❷ 防煙壁・排煙口の取付け高さ

防煙垂れ壁

平均天井高
3m以上

排煙口（排煙上有効な開口部）は防煙
垂れ壁の下端より上方に設ける

排煙口は床面からの高さが2.1m
以上、かつ屋根（天井高）の1／2
以上の位置に取り付けること

排煙口は天井面から80cm以内に設置しなければならないが、天井高さ（勾配天井の場合は平均天井高さ）が3m以上の場合は、床面から2.1m以上かつ天井高さの1/2以上の部分が排煙上有効な部分になるので、排煙口はこの排煙上有効な部分かつ防煙垂れ壁の下端より上方の部分に設ければよい。自然排煙設備の場合はその部分が有効開口部となる［平12建告1436号3号］

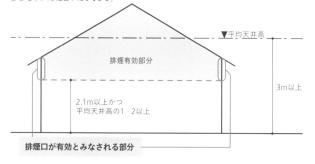

▼平均天井高

排煙有効部分

3m以上

2.1m以上かつ
平均天井高の1／2以上

排煙口が有効とみなされる部分

平面図

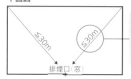

≦30m ≦30m

排煙口（窓）

排煙口は、区画内
の各部分から水平
距離≦30mになる
ように設置する

Column 防火区画［92頁］と防煙区画

煙感知器連動の防火防煙シャッターとしガラ
ス製の防煙垂れ壁のたけを30cmとしている

竪穴区画

防火設備

竪穴区画

エスカレータ

耐熱強化ガラス製
特定防火設備

防煙区画は常時閉鎖式または煙感知器連動の不燃戸や防火設備を設けた場合は防煙垂れ壁のたけを50cm以上ではなく30cm以上とすることができる。また、防火区画と防煙区画を兼用する場合には、それぞれの要件を満たす構造とし、防火設備の上部には防煙垂れ壁が必要となるが、本事例のように煙感知器連動の防火防煙シャッターを設ければ、防煙垂れ壁を30cmとした竪穴区画と防煙区画［÷］の兼用が可能となる

÷ 排煙設備の必要な建築物は、各階ごとに防煙区画することが原則なので、階段やエスカレータ廻りには、下階から上階に煙が行かないよう防煙区画が必要となる

4 同一防煙区画

自然排煙設備による排煙は、無窓の部屋は排煙告示の平12建告1436号4号ロ[※1]やニ[110頁表2]を適用するか、排煙設備を設けた部屋と同一の防煙区画とする必要がある。同一の防煙区画とするには間仕切り壁の上部が有効に開放されたものでなければならない[資料提供：環境デザイン研究所]

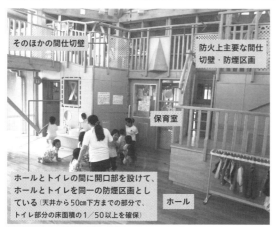

そのほかの間仕切壁

防火上主要な間仕切壁・防煙区画

保育室

ホールとトイレの間に開口部を設けて、ホールとトイレを同一の防煙区画としている（天井から50cm下方までの部分で、トイレ部分の床面積の1／50以上を確保）

ホール

壁は、構造用合板の下地を12.5mm厚の強化石膏ボード（準耐火構造）で被覆し、5.5mm厚の不燃シナ合板（不燃材料）仕上げ

居室とトイレの間にある壁は防火上主要な間仕切壁と防煙区画を兼ねているので、下地を準耐火構造としたうえで、仕上げに不燃木材を使用し、それぞれの要求を満たした。ただし、不燃木材は高価なため、コストを抑えるにはその使用範囲を極力抑えるように注意すること

個々に間仕切られた部屋で、以下の条件に該当するものは同一防煙区画とみなされる
　①間仕切壁の上部で天井面から50cm下方までの部分が開口部として開放されていること
　②開放部分の面積≧対象となる室の合計床面積×1／50
ただし、C室がB室を介して3室になるような連続した3室の場合は適用できない

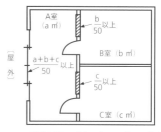

A室とB室、A室とC室は一室とみなす

ホールには自然排煙設備があるため、ホールに面したトイレの壁に常時開放した開口部を設けてホールとトイレを同一防煙区画としている

ホールとトイレを同一の防煙区画と見なすための開口部

保育室部分とトイレ・ホール部分は防火上主要な間仕切り壁[98頁]と防煙壁を兼用して区画している

1階平面図［S＝1：400］

5 戸建住宅は無窓チェックが必要　［法35条、令116条の2第1項2号、令126条の2］

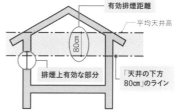

800

排煙上有効な開口部

引違い窓の場合は有効開口面積が1／2となる

3階建ての戸建住宅の2階部分。排煙上有効な開口部の面積（W1.740×H0.80×1／2＝0.696㎡）が2階床面積の1／50（0.252㎡）以上となるので、排煙設備を設ける必要はない［写真提供：廣部剛司建築研究所　写真：鳥村鋼一］

3階建てや延べ面積が200㎡を超える戸建住宅[※2]では、排煙計算して排煙上の無窓居室とならないかのチェックが必要。居室の天井の下方80cm以内にある開口部（開放できる部分）の面積が居室床面積の1／50以上であれば、排煙上の無窓居室に該当しないので、排煙設備を設けなくてよい

平均天井高から算定する場合

有効排煙距離

平均天井高

80cm

排煙上有効な部分

「天井の下方80cm」のライン

無窓のチェックでは勾配天井の場合は、一般的に平均天井高さから80cmで算定することが多いが、排煙設備と異なり無窓のチェックでは勾配天井の場合の取り扱いは示されていない

※1　平12建告1436号4号ロでは、避難階または避難階の直上階で法別表第1（い）欄の用途以外の用途または児童福祉施設等（入所者が使用するものを除く）、博物館、美術館、図書館について、居室から容易に道に避難できるなど技術的助言（国住指4784号）に示された一定の要件を満たすものは排煙設備不要とされている
※2　階数が2以下で延べ面積が200㎡以下の住宅や長屋の住戸は、その居室に居室の床面積の1／20以上の換気上有効な窓などの開口部があれば排煙設備が免除される（平12建告1436号4号イ）

避難

1 階段 [令23条〜27条]

階段には、建築物の用途や規模ごとに「階段および踊場の幅員」「蹴上」「踏面」「踊場位置」「直階段の踊場踏幅」について細かく寸法が定められている。また、手摺の設置が義務付けられているほか、高さによっては踊場の設置も義務付けられている

表　階段の寸法（単位：cm）[令23、24条、平26国交告709号]

階段の種類	階段及び踊場の幅	蹴上げ	踏み面	踊場の位置	直階段の踊場の踏み幅
① 小学校（義務教育学校[＊1]の前期課程を含む）の児童用のもの	≧140	≦16(18)	≧26	高さ≦3mごと	≧120
② 中学校（義務教育学校の後期課程を含む）、高等学校、中等教育学校[＊1]の生徒用、物販店舗[（物品加工修理業を含む）床面積＞1500㎡]、劇場・映画館・公会堂・集会場の客用		≦18(20)	≧26(24)		
③ 地上階用：直上階の居室床面積合計＞200㎡　地階・地下工作物用：居室の床面積合計＞100㎡	≧120	≦20	≧24	高さ≦4mごと	
④ 階数≦2かつ延べ面積＜200㎡の建築物の階段で、両側に手すりを設けて踏み面を滑りにくくしたもの[＊2]	≧75	≦23	≧15		
⑤ 住宅用（共同住宅の共用のものは除き、メゾネット住戸内の専用のものは含む）					
⑥ ①〜⑤以外の階段		≦22(23)	≧21(19)		
⑦ 昇降機の機械室用	−	≦23	≧15		
⑧ 屋外直通階段、屋外避難階段[＊3]	≧90 [＊4]	①〜⑥の階段に準じた寸法			
⑨ ⑧以外の屋外階段	≧60				

（ ）内は階段の両側に手摺を設け、踏み面を滑りにくくした場合の数値

＊1　義務教育学校は小学校、中学校の9年間を一貫して教育する学校。中等教育学校は中学校、高校の6年間を一貫して教育する学校のこと

＊2　階段またはその近くに、見やすい方法で十分に注意して昇降を行う必要がある旨を表示する

＊3　木造は不可（防腐措置を講じた準耐火構造は可）[令121条の2]

＊4　緩和規定であり、90cm以上としなければならないということではない

❶ 高さが4mを超える階段

高さ4mを超える階段では、4m以内ごとに踊場を設ける。学校や劇場などの不特定多数の人が使用する階段は3m以内ごと[令24条1項]

❷ 手摺の設置基準／戸建住宅の階段

室内の階段では、手摺高さについての基準は定められていないものの、700〜900mmとするのが一般的[※]

厚さ100mmの持ち送りの段板と、自立するスチールの手摺。階段の高さ1m以下の部分で折り曲げることで、多方向に降りやすくなり上階からリビング（写真右）への動線を短縮した。デザインのアクセントとしても機能している[資料提供　S.O.Y.建築環境研究所]

※　住宅性能評価の高齢者配慮対策等級の寸法

階段には手摺を設ける必要があるものの、高さ1m以下の階段部分については設置しなくてもよい[令25条]。このルールを利用すれば、手摺の存在感を消したり、動線を短縮したりすることが可能になる

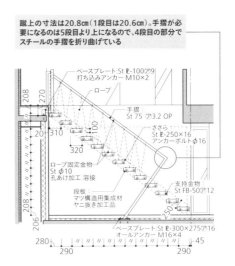

蹴上の寸法は20.8cm（1段目は20.6cm）。手摺が必要になるのは5段目より上になるので、4段目の部分でスチールの手摺を折り曲げている

断面図[S＝1：100]

図1 直通階段は避難階まで直通する階段［※］

❶ 直通階段までの歩行距離

直通階段までの歩行距離は、直通階段から最も遠い居室の隅から直通階段の端までの最短距離を計測する

直通階段

避難階（地上）

直通階段

直通階段までの歩行距離

直通階段

直通階段とは、建築物の各階から地上または避難階に直通する階段のこと。特殊建築物の避難階以外では、居室から直通階段までの歩行距離を右表で定められた数値以下とする

表 居室の各部分から直通階段までの歩行距離

居室の種類／建築物の構造	主要構造部が準耐火構造または不燃材料	その他
① 採光上の無窓居室、物品販売店などの居室（売り場など）	30m以下	30m以下
② 病院・旅館・寄宿舎・共同住宅などの主たる用途が居室	50m以下	30m以下
③ ①②以外の居室	50m以下	40m以下
④ 居室および通路の内装（天井・壁＞1.2m）を準不燃材料としたもの	①30＋10＝40m以下 ②50＋10＝60m以下 ③50＋10＝60m以下	—
⑤ 15階以上の居室 居室および通路の内装が難燃または可燃材料としたもの	①30－10＝20m以下 ②50－10＝40m以下 ③50－10＝40m以下	—
居室および通路の内装（天井・壁＞1.2m）を準不燃材料としたもの	①30m以下 ②50m以下 ③50m以下	

注 メゾネット型共同住宅（主要構造部が準耐火構造で、住戸の階数が2または3で、かつ出入口が1階のみにあるもの）の住戸の出入口のない階については、住戸内専用階段を通って出入口のある階の直通階段までの歩行距離を40m以下とすれば、表の規定は適用しない

❷ 直通階段とみなされる階段 ［令121条］

上階から2階に通じる屋外避難階段

容易に到達できるので直通階段とみなすことができる

エレベーターホール

1階（避難階）への屋外避難階段

直通階段は重要な避難施設。階段途中に扉のあるものや、階段の連続性に欠けるものは直通階段とはみなされない。ただし、写真のように位置が変わっても距離が短く、容易に到達できる場合は直通階段とみなされる［資料提供　小林真人建築アトリエ］

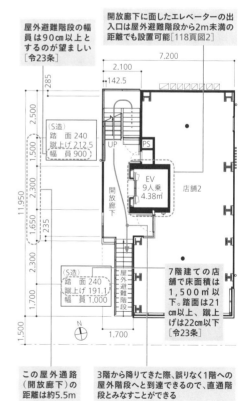

開放廊下に面したエレベーターの出入口は屋外避難階段から2m未満の距離でも設置可能［118頁図2］

屋外避難階段の幅員は90cm以上とするのが望ましい［令23条］

（S造）踏 面 240 蹴上げ 212.5 幅 員 900

（S造）踏 面 240 蹴上げ 191.1 幅 員 1,000

UP

PS

EV 9人乗 4.38㎡

店舗2

開放廊下

屋外避難階段

7階建ての店舗で床面積は1,500㎡以下。踏面は21cm以上、蹴上げは22cm以下［令23条］

この屋外通路（開放廊下）の距離は約5.5m

3階から降りてきた際、誤りなく1階への屋外階段へと到達できるので、直通階段とみなすことができる

平面図［S＝1：200］

※ 法別表第1（い）欄（1）から（4）までの特殊建築物、階数が3以上の建築物、延べ面積1,000㎡超の建築物、採光無窓の居室のある階には直通階段の設置が必要

図2 2以上の直通階段の設置義務 ［令121条］

多数の人が利用する建築物、避難に時間のかかる建築物、階の居室面積の大きな建築物には2以上の直通階段の設置が必要。その場合、それぞれの直通階段に向かう避難経路の歩行距離が重複する部分（重複距離）は、直通階段までの歩行距離の限度［115頁表］の1/2以下としなければならない。ただし、居室の各部分から重複区間を経由せず避難上有効なバルコニーなどに避難可能な場合、重複距離限度は適用されない

表 2以上の直通階段の設置が必要となる階とその居室床面積 ［令121条］

	階の用途	階の居室の床面積合計
①	劇場、映画館、演芸場、観覧場、公会堂、集会場、物品販売業店舗（床面積＞1500㎡）	すべてに適用
②	キャバレー、カフェー、ナイトクラブ、バー、個室付浴場を含む施設、ヌードスタジオなど	50 (100) ㎡超［緩和あり］
③	病院、診療所で病室のある階、児童福祉施設等で主たる用途に供する居室のある階	50 (100) ㎡超［緩和＊1］
④	ホテル・旅館・下宿で宿泊室のある階、共同住宅で居室のある階、寄宿舎で寝室のある階	100 (200) ㎡超［緩和＊1］
①～④以外	6階以上で居室のある階	すべてに適用［緩和＊2］
	5階以下　　避難階の直上階で居室のある階	200 (400) ㎡超
	上記以外の階で居室のある階	100 (200) ㎡超

（ ）内は主要構造部が耐火構造、準耐火構造、または不燃材料で造られている場合の緩和数値
＊1　階数≦3かつ床面積＜200㎡で、次の（ⅰ）または（ⅱ）該当する場合は適用除外（ⅰ）階段部分が③については防火設備［スプリンクラーを設置した場合は10分間防火設備］で④については戸（障子・襖は除く）で区画されている（ⅱ）令112条15項による告示に適合する［告示未制定］
＊2　①～④以外の用途で、その階の床面積が100㎡以下［主要構造部を耐火構造、準耐火構造、不燃材料とした場合は200㎡以下］で避難上有効なバルコニーを設置し、かつ屋外避難階段または特別避難階段を設置した場合は適用除外

❷ 避難上有効なバルコニー＋屋外避難階段による緩和

避難上有効なバルコニーの奥行きは75cm以上とする

避難上有効なバルコニーは屋外避難階段とおおむね対称の位置とする

避難上有効なバルコニーは外気に十分に開放されていること

屋外避難階段または特別避難階段を設置すること

その階の居室床面積の合計が100㎡（200㎡［＊1］）以下の場合、避難上有効なバルコニーを設置し、階段を屋外避難階段または特別避難階段とすれば、2以上の直通階段を設置しなくてもよい

❶ 2以上の直通階段

屋外に設ける直通階段については木造（準耐火構造で有効な防腐措置を講じたものを除く）は不可［令121条の2］

6階建ての共同住宅

直通階段

一定規模以上の［上表］建築物（この場合は6階以上の共同住宅）については、対象となる階からの直通階段を、少なくとも2カ所以上、設置する必要がある

❸ 避難上有効なバルコニーの構造

バルコニーの床面積は2㎡以上とする（避難ハッチを除く）

避難ハッチ

開口部は幅75cm以上、高さ180cm以上とする

奥行き寸法≧75cm

破壊可能な板

避難上有効なバルコニー。改修時などにウッドデッキを敷設する場合には、避難ハッチをふさがないこと［128頁］

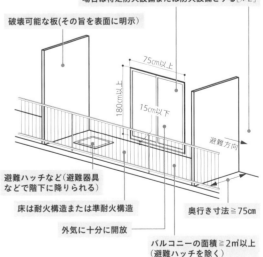

バルコニーから2m以内は耐火構造の壁とし（準耐火建築物の場合は準耐火構造）、開口部がある場合は特定防火設備または防火設備とする［＊2］

破壊可能な板（その旨を表面に明示）

75cm以上

180cm以上

15cm以下

避難方向

避難ハッチなど（避難器具などで階下に降りられる）

床は耐火構造または準耐火構造

外気に十分に開放

奥行き寸法≧75cm

バルコニーの面積≧2㎡以上（避難ハッチを除く）

※1　耐火構造、準耐火構造または不燃材料で造られている場合
※2　共同住宅の住戸等に付属するものを除く

3 避難階段　［令122条・123条］

高層階や地階に通じる直通階段や大規模物販店の直通階段は、防火上安全な構造とした避難階段や特別避難階段としなければならない。避難階段には屋内避難階段と屋外避難階段とがあり、特別避難階段には附室を設けたものとバルコニーを設けたものとのそれぞれ2タイプがある

表　避難階段や特別避難階段の設置対象 ［令123条］

適用対象	対象階	避難階段または特別避難階段	特別避難階段
法別表第1(い)欄(1)〜(4)の特殊建築物、階数≧3の建築物、採光無窓の居室のある階、延べ面積>1,000㎡の建築物［*］	5階以上または地下2階以下の階	○	—
	15階以上または地下3階以下の階	×	○
3階以上に物販店の用途のある床面積合計>1,500㎡の物販店	各階の売り場および屋上広場	○	—
	15階以上の売り場	×	○
	5階以上の売り場	1以上の特別避難階段が必要	

* 以下の①または②に該当するものは適用除外
①主要構造部が準耐火構造または不燃材料で造られた建築物で、5階以上または地下2階以下の階の床面積≦100㎡のもの
②主要構造部が耐火構造の建築物で100㎡（共同住宅では200㎡）以内ごとに耐火構造の床・壁、特定防火設備で区画されたもの

❶ 避難階段

避難階段とは内装の不燃化を図り、防火設備で延焼を防ぐように区画した直通階段。5階以上の階か地下2階以下の階に通じる直通階段は避難階段にしなければならない

屋内避難階段

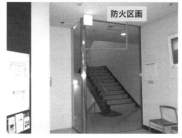
防火区画

百貨店に設けられた耐火構造の屋内避難階段。階段に通じる出入口の戸は自動閉鎖式の遮煙性能をもつ防火戸［令112条19項2号］

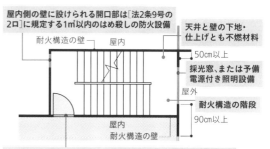

屋内側の壁に設けられる開口部は［法2条9号の2ロ］に規定する1㎡以内のはめ殺しの防火設備
耐火構造の壁　屋内
天井と壁の下地・仕上げとも不燃材料
50cm以上
採光窓、または予備電源付き照明設備
屋外
耐火構造の階段
90cm以上
屋内
耐火構造の壁

［法2条9号の2ロ］に規定する防火設備（常時閉鎖式、または随時閉鎖式で煙感知器もしくは熱煙複合式感知器連動自動閉鎖）で、避難方向に開くもの

4 屋外避難階段　［令123条2項］

図1　屋外避難階段から2mの範囲には、階段に通ずる出入口を除いて、開口部を設置できない

表　屋外避難階段の構造

構造	耐火構造とし、地上まで直通すること（鉄骨造の階段は耐火構造に該当）
開口部	階段に通ずる出入口以外の開口部は、階段から2m以上の距離に設けること（1㎡以内の防火設備のはめ殺し戸は可）
出入口	階段に通ずる出入口は、常時閉鎖式の防火設備、煙感知器または熱煙複合式感知器連動の随時閉鎖式の防火設備のいずれかとする［*］

* 防火設備は遮煙性能を有したものとする

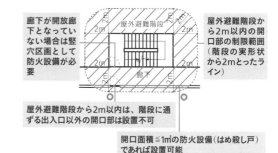

廊下が開放廊下となっていない場合は竪穴区画として防火設備が必要

屋外避難階段から2m以内の開口部の制限範囲（階段の実形状から2mとったライン）

屋外避難階段から2m以内は、階段に通ずる出入口以外の開口部は設置不可

開口面積≦1㎡の防火設備（はめ殺し戸）であれば設置可能

1㎡以内のはめ殺し以外の開口部は2m以内には設置できない

屋外避難階段

ベントキャップも屋外避難階段から2m以内には設置できない

耐火構造の壁

開口部

避難階段から2m以内のエリア

屋外避難階段の実形状から2mの範囲内にある開口部。開口面積が1㎡以内の防火設備（はめ殺し）は設置可能

屋外階段と屋外避難階段の取扱い［*］

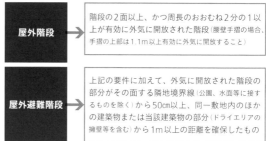

屋外階段	階段の2面以上、かつ周長のおおむね2分の1以上が有効に外気に開放された階段（腰壁手摺の場合、手摺の上部は1.1m以上有効に外気に開放すること）
屋外避難階段	上記の要件に加えて、外気に開放された階段の部分がその面する隣地境界線（公園、水面等に接するものを除く）から50cm以上、同一敷地内のほかの建築物または当該建築物の部分（ドライエリアの擁壁等を含む）から1m以上の距離を確保したもの

* 屋外階段の床面積算定については46頁参照

図2 屋外避難階段の周囲にあるエレベーター

エレベーター出入口

踊場から2m以内かどうかが判断基準

手摺の高さは1.1m以上必要

階段踊場の幅

屋外

屋外避難階段から2mの範囲内に設置されたエレベーター。出入口を防火設備とすれば、エレベーターを設置してもよい

階段に通ずる出入口以外で、開口部の制限範囲内に設置できる開口部など

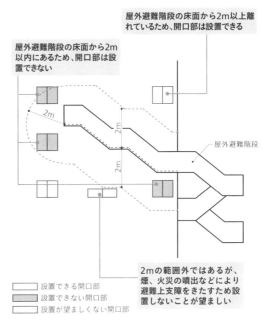

外気に十分開放された開放廊下に面しているエレベーターの出入口（防火設備）は基本的に設置可能

室内　EV　室内　室内

PS

開放廊下　2m　エレベーター出入口　2m　手摺

階段踊場の幅

踊場から2mの範囲

階段に通ずる出入口は設置可能（常時閉鎖式防火設備）

2mのとり方は階段の踊場の幅をとった位置からとする

屋外に面し、床・壁が耐火構造のパイプシャフトは基本的に設置が可能

図3 屋外避難階段の周囲にある開口部・PS

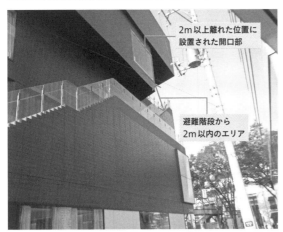

2m以上離れた位置に設置された開口部

避難階段から2m以内のエリア

屋外避難階段の床面から2mにある範囲は開口部を設置しない

非常用進入口

避難階段から2mのエリア

屋外階段に通じる出入口

地上まで通じる耐火構造の屋外避難階段

屋外避難階段の床面から2mの範囲内でも、階段に通じる出入口は設置できる。非常用進入口は2mの範囲外に設置する

屋外避難階段の床面から2m以上離れているため、開口部は設置できる

屋外避難階段の床面から2m以内にあるため、開口部は設置できない

2m

2m

2m

屋外避難階段

2mの範囲外ではあるが、煙、火災の噴出などにより避難上支障をきたすため設置しないことが望ましい

☐ 設置できる開口部
☐ 設置できない開口部
☐ 設置が望ましくない開口部

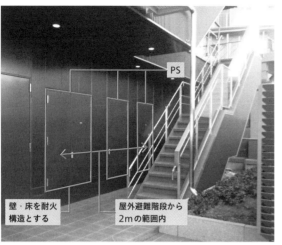

PS

壁・床を耐火
構造とする

屋外避難階段から
2mの範囲内

給排水管やガス管の貫通部は開口部に該当しないので、PSを2m以内に設置しても支障ない。ただし壁・床を耐火構造とし扉を不燃材料とするよう求められることがあるため建築主事等に確認する

part
6
避難

Column 避難階の定義

①直接地上に通じる出入口のある階（基本的には1階が該当する）
②有効に避難できる人工地盤、ペデストリアンデッキなどに通じる出入口
③傾斜や高低差のある敷地の建物などで地上に通じる出入口の階が複数ある場合→複数の避難階となる
④直通階段・避難階段は避難階に通ずるものとする

2階（避難階）

ペデストリアン
デッキ

ペデストリアンデッキに通じる階は避難階とみなすことができる

---

5 特別避難階段 ［令123条3項］

15階以上の階か地下3階以下の階に通じる直通階段は特別避難階段にしなければならない。避難階段との違いはバルコニーや排煙設備のある付室を設けた屋内階段であること

非 常 口

排煙設備の開放は手動
開放装置による

火災時の煙が付室を通じて階段室に流入しないよう排煙設備が必要［※1］。本事例では自然排煙設備を設けている

消火活動や火災時の救助、避難する人の滞留などのために、特別避難階段には排煙設備を設けた付室またはバルコニーが必要となる［※2］

① 特別避難階段（付室を設ける場合）

延焼のおそれのある部分
（屋外）隣地境界線
50cm以上　90cm以上
（屋内）
耐火構造
DN UP
法2条9号の2口に規定する防火設備
廊下

階段室の屋外に面する壁に設ける開口部は、それ以外の開口部からの距離≧90cmとし、延焼のおそれのある部分以外に設ける［＊］

開口部を設ける場合は、はめ殺し戸とする

階段室、付室とも天井・壁の下地・仕上げとも不燃材料とする

平28国交告696号に規定する排煙設備

特定防火設備（常時閉鎖式、または随時閉鎖式で煙感知器もしくは熱煙複合式感知器連動自動閉鎖で遮煙性能）で、避難方向に開くもの

＊ 開口面積1㎡以内のはめ殺しの防火設備を除く

② 特別避難階段（バルコニーを設ける場合）

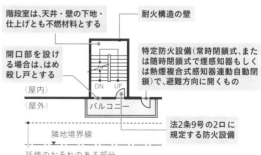

階段室は、天井・壁の下地・仕上げとも不燃材料とする

耐火構造の壁

開口部を設ける場合は、はめ殺し戸とする

DN UP
（屋内）
（屋外）
バルコニー

隣地境界線

延焼のおそれのある部分

特定防火設備（常時閉鎖式、または随時閉鎖式で煙感知器もしくは熱煙複合式感知器連動自動閉鎖）で、避難方向に開くもの

法2条9号の2口に規定する防火設備

※1　平28国交告696号に定める自然排煙設備または機械排煙設備を設けなくてはならない
※2　15階以上の各階または地下3階以下の各階の階段室の床面積と、付室またはバルコニー（バルコニーで床面積がないものは床部分の面積）の床面積の合計は、当該階の居室の床面積の3／100（法別表第1〔い〕欄（1）または（4）の用途の場合は8/100）以上とする

図 廊下の幅の考え方

❶ 片側居室の廊下

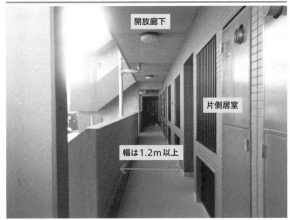

共同住宅の開放廊下（片側居室）。廊下の幅は1.2m以上とする

❷ 両側居室の廊下

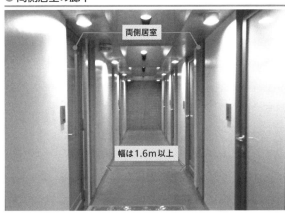

共同住宅の廊下（両側居室）。廊下の幅は1.6m以上にする

表 廊下の幅員

適用対象	廊下の種類	廊下幅員	
		両側居室	その他
次のいずれか ・特殊建築物 　（法別表 　第1（い）欄（1） 　～（4）項） ・階数3以上の 　建築物 ・採光上の無窓 　居室のある階 ・延べ面積＞ 　1,000㎡の 　建築物	小学校・中学校・義務教育学校・高等学校・中等教育学校の児童用・生徒用	≧2.3m	≧1.8m
	病院の患者用	≧1.6m	≧1.2m
	共同住宅の住戸・住室の床面積合計＞100㎡の階の共用のもの		
	地上階：居室の床面積合計＞200㎡（3室以下の専用のものを除く）		
	地階：居室の床面積合計＞100㎡（3室以下の専用のものを除く）		

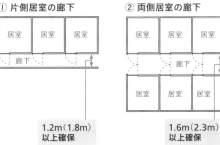

① 片側居室の廊下　　1.2m（1.8m）以上確保

② 両側居室の廊下　　1.6m（2.3m）以上確保

③ 柱がある場合

④ 手摺や設備機器がある場合

階段と異なり、廊下の有効幅には手摺の出幅の緩和はない

❸ 柱がある場合

大学の廊下（両側居室）。柱がある場合、廊下の幅は柱の先端から測定する。幅は1.6m以上とする

❹ 設備機器がある場合

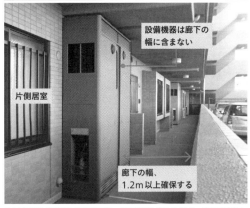

共同住宅の開放廊下（片側居室）。設備機器がある場合、廊下の幅は設備機器の先端から測定する。幅は1.2m以上とする

7 屋上手摺·非常用エレベーター·非常用照明

❶ 屋上手摺 (法別表第1 (い)欄(1)～(4)の特殊建築物、階数≧3の建築物、採光無窓の居室のある階、延べ面積＞1,000㎡の建築物 に適用される) ［令126条］

屋上広場［※1］や2階以上の階にあるバルコニーには高さ1.1m以上の手摺壁等を設置しなければならない

開放性の高い高さ1.1m以上の屋上手摺。パイプ、金属等による開放性の高い手摺は建築物の高さに不算入［55頁］

3階建て戸建住宅の屋上手摺とバルコニー手摺。高さは1.1m以上とする必要がある。ただし、2階建て戸建住宅の場合は令117条により適用除外［写真提供：リオタデザイン（写真・後閑勝也）］

❷ 非常用エレベーター
［法34条2項·令129条の13の3］

高さが31mを超える建築物は原則的に、火災時に消防隊が消火・救出作業に使用する非常用エレベーターを設置しなければならない。非常用エレベーターの設置台数は、31mを超える部分の階の最大床面積によって決まる。

非常用照明装置を設置

乗降ロビーへの出入口の戸は遮煙性能付の特定防火設備［※2］とする

乗降ロビーは耐火構造の床・壁で囲み、天井と壁の内装は下地・仕上げとも不燃材料とする

乗降ロビーには外気に開放できる開口部または排煙設備を設ける

避難上必要な事項を明示した標識

非常用エレベーターには、原則として避難階を除く各階に乗降ロビーが必要。面積は1台当たり10㎡以上で、各階で屋内と連絡させる。乗降ロビーは特別避難階段の付室と兼用が可能

表 エレベーターの必要台数と緩和基準 ［令129条の13の2·3］

エレベーターの必要台数	高さ＞31mの階の最大床面積：S	S≦1,500㎡　1台以上
		S＞1,500㎡　3,000㎡以内を増すごとに1台追加
設置を免除される建築物	高さ＞31mの部分が右のいずれかに該当する場合	階段室・機械室・装飾塔・物見塔等各階の床面積の合計が500㎡以下
		階数が4以下、かつ主要構造部が耐火構造で、100㎡以内ごとに防火区画されている場合
		機械製作工場・不燃性物品保管倉庫等で、主要構造部が不燃材料

非常用エレベーターの構造

①かごを呼び戻す装置を設け、装置の作動を避難階、またはその直上階か直下階の乗降ロビーと中央管理室で行うことを可能とする
②かご内と中央管理室を連絡する電話装置を設ける
③かごの戸を開いたまま、昇降することのできる装置を設ける
④予備電源を設ける
⑤かごの定格速度は、60m／分以上とする

❸ 非常用照明装置
［令126条の4·5］

建築物の規模や用途によっては、非常用照明装置の設置が義務付けられている。設置個所は、居室と、居室から地上まで通じる廊下や階段などの屋内避難経路である

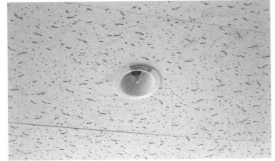

高層ビルの廊下（屋内避難経路）に取り付けられた非常用照明。主電源が切れても予備電源で最低30分間転点灯し、床面で1lx以上の平均照度を保つ

表 非常用照明の設置対象 ［令126条の4］

①法別表第1 (い)欄(1)～(4)の特殊建築物の居室
②階数≧3、かつ延べ面積＞500㎡の建築物の居室
③採光上の無窓居室（採光上有効な開口部の面積＜居室床面積の1／20
④延べ面積＞1,000㎡の建築物の居室
⑤上記①～④の居室から地上に通ずる廊下、階段等の通路（採光上有効に直接外気に開放する通路を除く）
⑥上記①～⑤に類する建築物の部分で照明装置の設置を通常要する部分（廊下に接するロビー、通り抜け避難に用いられる場所等）

以下のものは適用除外
戸建住宅・長屋・共同住宅の住戸／病院の病室・下宿の宿泊室・寄宿舎の寝室など／学校等／告示で定められたもの［※3］

※1　5階以上の階を百貨店の売り場とする場合は避難用の屋上広場を設けなければならない
※2　常時閉鎖式の特定防火設備、または煙感知器、熱煙複合式感知器連動の随時閉鎖式の特定防火設備とする
※3　(1)採光無窓でない居室で次の①または②に該当するもの。①避難階の居室で、屋外出入口までの歩行距離が30m以下のもの。②避難階の直上階・真下階の居室で、屋外への出入口までの歩行距離が20m以下のもの。(2)床面積が30㎡以下の居室（障子や襖で仕切られた2室は1室とみなす）で次の①または②に該当するもの。①地上への出口のあるもの、②地上まで通じる部分（廊下や階段の部分）が採光上有効に直接外気に開放されているか非常用照明を設けたもの［平12建告1411号］

8 敷地内通路

敷地内通路とは、屋外避難階段の降り口や避難階の屋外出口から道や公園まで通ずる避難用の通路のこと。通路に門扉を設けた場合は、開放時に有効幅員を確保しなければならない。ピロティ内の通路で、外気に十分開放され屋内部分と防火区画されたものも敷地内通路とみなされる。この場合の防火区画は、耐火構造の壁・床、常時閉鎖式の防火設備で区画し、壁・天井の下地・仕上げを不燃材料としたものとする

❶ 美術館の敷地内通路

敷地内通路は
幅1.5m以上とする

美術館

特殊建築物に該当する美術館。幅1.5m以上の敷地内通路を設置する必要がある

❷ 大規模木造建築物の敷地内通路

述べ面積は
3,984㎡

隣地に面する側の通路幅は
1.5m以上とする

1棟の延べ床面積が1,000㎡を超える大規模木造建築物では、建物相互間に幅員3m以上の敷地内通路を設置する必要がある。隣地に面する側の通路幅は1.5m以上でよい［写真提供 | 松本設計］

表 敷地内通路が必要なものと通路幅員

特殊建築物	劇場・映画館・病院・診療所（病室のあるもの）・ホテル・共同住宅・寄宿舎・学校・体育館・百貨店・マーケット・展示場・遊技場など	避難階の出口または屋外避難階段から道路に通じる部分	≧1.5m（階数が3以下かつ延べ面積が200㎡未満の場合、 ≧0.9m）
中高層建築物	階数≧3		
無窓居室	採光有効面積＜1／20の場合		
	排煙有効面積＜1／50の場合		
大規模建築物	延べ面積＞1,000㎡（2棟以上あるときは、それらの延べ面積の合計＞1,000㎡）		
大規模木造建築物等（耐火木造・耐火性能検証法によるものを除く）	①木造建築物で1棟の延べ面積＞1,000㎡	建築物相互間または隣地に面する部分	≧3m ［＊1］
	②2棟以上の建築物（耐火建築物、準耐火建築物、延べ面積1000㎡以上のものを除く）の延べ面積の合計＞1,000㎡ ［左頁図1］		延べ面積の合計1,000㎡以内ごとに建築物を区画し、区画相互間に幅3m以上の通路を設置する
	③耐火建築物または準耐火建築物が有効に遮っている場合		耐火・準耐火建築物が木造建築物を延べ面積1,000㎡以内ごとに有効に区画している場合、②の規定は適用しない ［＊2］

＊1 隣地に面する側の通路幅は1.5m以上でよい
＊2 3,000㎡を超える場合は、3,000㎡ごとに区画し、区画相互間に幅員3m以上の通路を設置する

❸ 共同住宅の敷地内通路

前面道路

敷地内通路

幅3m以上の階段

共同住宅は特殊建築物に該当するので、幅員1.5m（階数≦3、延べ面積＜200㎡の場合は0.9m）以上の敷地内通路が必要

❹ 長屋の敷地内通路

3階以上の長屋は、法35条（階数が3以上の建築物）に該当し、敷地内通路が必要となる

専用階段をもつ2階建て重層長屋

前面道路

敷地内通路（幅員2m以上、東京都建築安全条例第5条を満たす）

各住戸が専用階段をもつ重層長屋。建築基準法上では2階建てまでの長屋について敷地内通路の幅員の規定はないが、条例で規定を定めていることが多い（東京都では幅員2m以上）

図1 2棟以上で合計1,000㎡を超える場合

開放性のある1層の渡り廊下で繋がっている場合、別棟とみなされる場合がある。別棟とみなされる場合には幅員3m以上の敷地内通路が必要

建物B

建物A

敷地内通路

建物A・Bの間に3m以上の敷地内通路を設置

2棟以上で合計1,000㎡を超える工場の敷地内通路。建物の間に幅3m以上の通路を設置する必要がある

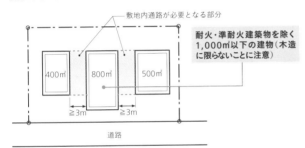

敷地内通路が必要となる部分

耐火・準耐火建築物を除く1,000㎡以下の建物（木造に限らないことに注意）

400㎡　800㎡　500㎡

≧3m　≧3m

道路

図2 旗竿敷地と駐車スペース

旗竿敷地

路地部分のうち、駐車スペースなどを除いた最も狭い部分で幅員0.9m以上となる通路を確保する

駐車スペース

敷地内通路

隣地境界線

3階建てで床面積が200㎡未満の戸建住宅。駐車スペースがある場合は、駐車スペースを除いて0.9m以上とする

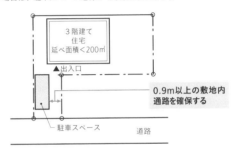

3階建て住宅
延べ面積＜200㎡

▲出入口

0.9m以上の敷地内通路を確保する

駐車スペース

道路

Column 貫通通路とは何か

一団認定制度［32頁］も受けている

貫通通路

通り抜けが可能

2つの建築物

貫通通路は総合設計制度に基づくもの。敷地内にはそれを明示する標識が掲げられる

貫通通路とは総合設計制度［※］による公開空地のひとつ。敷地内を動線上自然に通り抜けられる通路で①敷地内を歩行者用通路で①道路・公園などの公共施設相互間を有効に連絡する通路などが該当する。幅員は3m以上とし、通行可能な部分の幅を2m以上としなければならない。本事例では総合設計制度のほか一団地認定制度の認定を受けている

貫通通路（幅員3m以上）

2つの建築物を通り抜ける貫通通路。幅員は3m、歩行可能な幅は2m以上を確保している

※　敷地内に公開空地（だれでも自由に通行・利用できる空地）を設けることなどによって特定行政庁から「市街地の環境の整備改善に資する」と認定された場合は、容積率、絶対高さ、斜線制限などが緩和される制度。東京都の場合、公開空地の種類には歩道状空地、貫通通路、アトリウム、広場状空地などがある［法59条の2、令136条］。なお一団地認定制度は総合的設計制度とも呼ばれるため総合設計制度と間違えないこと

123　写真でスラスラわかる建築基準法

図1 非常用進入口・代替進入口の設置基準

① 非常用進入口の基準

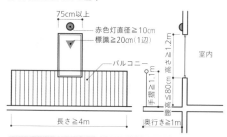

75cm以上
赤色灯直径≧10cm
標識≧20cm（1辺）
バルコニー
室内
手摺≧80cm・高さ≦1.2m
手摺≧1.1m
長さ≧4m
腰高さ≦80cm
奥行き≧1m

火災時の消防隊の進入のため、高さ31m以下の3階以上の階（道または道に通じる幅員4m以上の通路などに面する外壁面）には非常用進入口もしくは代替進入口を設置する［※］［法35条、令126条の6・7、昭45建告1831号］

② 非常用進入口の設置位置

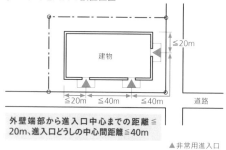

建物
≦20m
≦20m ≦40m ≦40m
道路

外壁端部から進入口中心までの距離≦20m、進入口どうしの中心間距離≦40m

▲非常用進入口

③ 代替進入口の基準

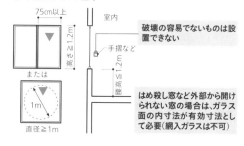

75cm以上
室内
高さ≦1.2m
手摺など
腰高さ≦1.2m
または
1m
直径≧1m

破壊の容易でないものは設置できない

はめ殺し窓など外部から開けられない窓の場合は、ガラス面の内寸法が有効寸法として必要（網入ガラス不可）

④ 代替進入口の設置位置

建物
≦10m
≦10m
道路
≦10m " " " ≦10m

外壁面の距離≦10mごとの範囲内に任意の位置で配置（進入口どうしの中心間距離＞10mであっても上記を満たせば可）

△代替進入口

❶ 非常用進入口の設置例

外壁端部からの距離は20m以内

非常用進入口

進入口どうしの中心間距離は40m以内

商業施設に設けられた非常用進入口。設置間隔は、外壁端部から進入口の中心までの距離を20m以下とし、かつ、進入口どうしの中心間距離を40m以下とする

❷ 代替進入口の設置例

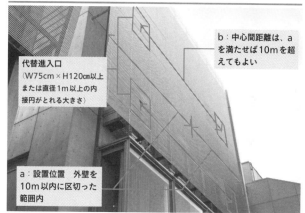

b：中心間距離は、aを満たせば10mを超えてもよい

代替進入口
（W75cm×H120cm以上または直径1m以上の内接円がとれる大きさ）

a：設置位置 外壁を10m以内に区切った範囲内

ダブルスキンの外壁に設けられた代替進入口。内部への進入を妨げないようにする。外壁を10m以内ごとに区切った範囲内に設ければよい

❸ 円形の代替進入口

外壁を10m以内ごとに区切った範囲内に設置

最小で直径1mの円が内接すればよい

代替進入口の寸法は直径1m以上を満たすことが基準。円形の代替進入口も見られる

※ 次の①～③のいずれかに該当する場合は設置不要。①非常用エレベーターを設置している場合、②不燃性の物品を保管する倉庫など火災発生のおそれの少ない用途の階または放射性物質を扱う建築物など平12建告1438号に定める屋外からの進入を防止する必要のある階でその直上階、直下階から進入できるもの、③吹抜けなど平28国交告786号に定める空間から進入できるもの

図2 非常用進入口・代替進入口を設置する外壁面

❶ 道路に面する場合

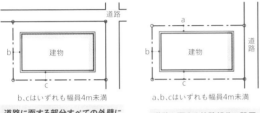

a：外壁を10m以内に区切った範囲内に設置

b：中心間距離は、aを満たせば10mを超えてもよい

代替進入口（3階以上に設置）

道路

道路に面する面以外の外壁はいずれも隣地のビルと隣接している（幅員4m以下）。この場合は道路側面のみに、非常用進入口（代替進入口）を設置する

道路

b 建物

b,cはいずれも幅員4m未満

道路に面する部分すべての外壁に設置

a

b 建物

a、b、cはいずれも幅員4m未満

道路に面する外壁部分に設置

❷ 2方向の道路に面する場合

a：道路に面した外壁面を10m以下に区切って、その範囲内に設置

代替進入口（3階以上に設置）

b：中心間距離は、aを満たせば10mを超えてもよい

道路B

道路A

2方向の道路に面する場合は、道路に面する外壁に沿って非常用進入口（代替進入口）を設置する

❸ 非常用進入口・代替進入口が道路に面して設置できない場合 ─道路に面していない棟の例─

外壁が道路に面していない建物

中庭（幅員を4m以上確保することで、4mの通路が確保できると判断）に面する外壁面に代替進入口を設置している

代替進入口（3階以上に設置）

代替進入口は外壁を10m以内ごとに区切った範囲内に設置

道路に面していない建物は、中庭などに通じる幅4m以上の通路を設け、中庭に面する外壁面に非常用進入口（代替進入口）を設置する

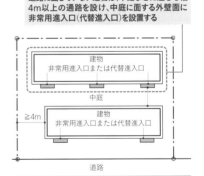

建物
非常用進入口または代替進入口

中庭

≧4m

建物
非常用進入口または代替進入口

道路

外壁が道路に面していない建物では、幅4m以上の通路や空地などを設け非常用進入口または代替進入口を設置する

■■■ 非常用進入口（代替進入口）の設置が必要な部分

part 6 避難

図3 共同住宅の代替進入口の特例

角地に建つ共同住宅。北側開放廊下に進入できるため、①の特例により西側外壁面に代替進入口を設けずに済み、スタイリッシュなスリット窓を設置している

共同住宅では、道又は幅員4m以上の通路から①または②のいずれかで住戸内に進入できれば、他の外壁面には代替進入口の設置が不要となる

①廊下又は階段室の踊り場から進入し全住戸に20m以内で到達可能（階段室型の共同住宅の場合は階段室の踊り場へ進入可能）

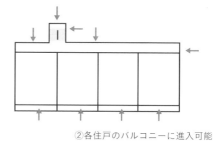

②各住戸のバルコニーに進入可能

図4 路地状敷地の非常用進入口の取り扱い

3階建ての専用住宅。道から代替進入口が直接確認できる

路地状敷地で路地の幅員が4m未満の場合は次の①〜④に適合するものとする
　①道から非常用進入口などまでの距離≦20m
　②路地の幅員≧2m
　③特殊建築物でないこと
　④非常用進入口等（付随するバルコニーなどを含む）が道から
　　直接確認できる位置に消火活動上有効に設置されていること

2m≦d＜4m
L≦20m

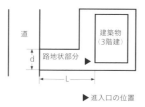

▶ 進入口の位置

Column 非常用進入口と代替進入口は混用できる?

非常用進入口と代替進入口が混用されている商業施設

屋外避難階段
非常用進入口
代替進入口

直径1mの円が内接する代替進入口の開口部

ガラスの外壁に設置された代替進入口

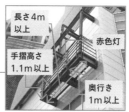

長さ4m以上
赤色灯
手摺高さ1.1m以上
奥行き1m以上

バルコニーは奥行き1m以上、手摺高さ1.1m以上、長さ4m以上とする

非常用進入口と代替進入口の混用（同一階の同一外壁面に混在すること）は望ましくない。ただし、以下の①または②に該当する場合は許容される

①下図のように、避難経路が建物内に複数ある用途ごとに異なる
②平面計画が明確であり、進入口から当該階の各部分に容易に到達できる

代替進入口
駐車場
物販店
非常用進入口
物販店　駐車場

一般に、6階以上の共同住宅は、2以上の直通階段が必要。ただし、居室床面積が100㎡以下[主要構造部が準耐火構造・不燃材料の場合は200㎡以下]の階は、避難上有効なバルコニー[※]と屋外避難階段を設置すれば、直通階段を2つにしなくてもよい[116頁]。この緩和を適用し、直通階段は1つのみ設置している

6階建ての共同住宅だが、4〜6階をメゾネット型住戸とし、下記の緩和により直通階段を1か所としている

6階建て以上の共同住宅では、2以上の直通階段（避難階段）を設置しなければならないが、階の居室面積によっては緩和される。

6階の床面積は36.05㎡。メゾネット型住戸（4〜6階）の床面積は126.31㎡なので、直通階段は1つでよい

6階平面図［S＝1：200］

メゾネット型住戸内の直通階段　共同住宅用の直通階段

4階平面図［S＝1：200］

チェックポイント

□2以上の直通階段を設置しなくてよい条件
　共同住宅では、①居室の床面積が100㎡（主要構造部が準耐火構造・不燃材料の場合は200㎡）を超える階［令121条1項5号］や、②6階以上の階に居室がある場合［令121条1項6号イ］は、直通階段を2つ以上設置しなければならない。ただし、本件のように耐火建築物で、5階以上の階がメゾネット型住戸となっている共同住宅は、令123条の2の規定に適合し、メゾネット型住戸の居室床面積が200㎡以下の場合、6階以上の階に居室があっても、直通階段を2つ設けなくてよい

令123条の2の規定により、メゾネット型住戸の出入口が1の階のみにあるものは、出入口のある階にメゾネット型住戸があるものとみなされるので、この図では5階に居室面積180㎡の住戸があることとなる。このため直通階段は1つでよい（5階以下の耐火建築物の共同住宅の場合、居室面積が200㎡以下の階には2以上の直通階段を設ける必要がない）

各階の居室面積

□メゾネット型住戸の居室床面積の考え方
　①階数が2または3のメゾネット型住戸で、出入口が1階のみの場合、令121条1項5号および6号イの規定の居室の床面積は、出入口のない階の床面積を出入口のある階に含めて算定する。ただし、居室の各部分から共用の直通階段までの距離は40ｍ以下としなければならない［令123条の2］
　②6階以上に居室がある場合でも、出入口が5階以下にあり、①の条件に該当すれば、6階以上に居室があるとみなされず、居室面積の合計が200㎡以下であれば2以上の直通階段の設置が免除される

※　下階に降りることが可能な避難ハッチなどで避難できるようにしたバルコニー。バルコニーの面積や構造について基準法には定めがないが、「防火避難規定の解説」により詳細な取り扱いが示されている［116頁］
解説：納谷学＋納谷新／納谷建築設計事務所
写真：吉田誠

マンションの最上階にあるバルコニー。前面側には目隠しとして、手摺の上部にもデッキ材を張り付けた。所々に開口部を設け、植栽のスペースとしている

バルコニーの奥行きがそれほどなかったので(1,640mm)、ウッドデッキをギリギリまで設置し、手摺壁を上部に伸ばしている

ベンチの座面から、ベンチ上の目隠し壁の笠木手摺上部までの寸法が1.1m以上あるので、手摺壁に沿うようにベンチを置いても問題はない

デッキ材にはイペ材を使用

マンション・リノベーションでよく行われるバルコニーへのウッドデッキ敷設。室外機置き場や洗濯物の干し場所にすぎなかった殺風景なバルコニーが生まれ変わる。ただし、設置後の手摺高さや避難ハッチをふさがないなどの注意が必要だ。バルコニーの避難ハッチは重要な避難施設。これがふさがれると、その階だけでなく上階に暮らす人々が避難できなくなる。

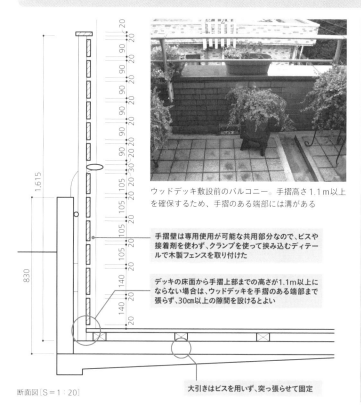

ウッドデッキ敷設前のバルコニー。手摺高さ1.1m以上を確保するため、手摺のある端部には溝がある

手摺壁は専用使用が可能な共用部分なので、ビスや接着剤を使わず、クランプを使って挟み込むディテールで木製フェンスを取り付けた

デッキの床面から手摺上部までの高さが1.1m以上にならない場合は、ウッドデッキを手摺のある端部まで張らず、30cm以上の隙間を設けるとよい

1,615

830

20 90 20 90 20 90 20 90 20 90 20 20 105 30 20 105 20 105 20 105 20 105 140 140 20

断面図[S＝1：20]

大引きはビスを用いず、突っ張らせて固定

チェックポイント

□バルコニーにウッドデッキを敷設する
　リノベーションやDIYで、バルコニーにウッドデッキを敷設するのは、室内空間とのつながりを生む手段として有効な手法である。ただし、ウッドデッキの敷設には法的な問題が絡む。以下の2点に注意したい

①手摺の高さ（1.1m以上）
屋上広場または2階以上のバルコニーなどにおける手摺高さは1.1m以上とする[令126条1項]

②建築基準法以外の留意点
a：「避難ハッチはふさがない」「隣戸との隔て板近傍に室外機などを設置しない」[平17消告3号]
b：マンションのバルコニーは「専用使用権を与えられた共用部分」[マンション標準管理規約14条]に該当するので、管理規約にもとづいた設計を行う

解説：各務謙司／カガミ建築計画

Column 共同住宅の敷地内通路を"広場"として使う

複数の棟がある場合（敷地分割している場合）は、それぞれの敷地内通路が連続し、幅が **3m** 以上の大きなスペースが生まれる。このスペースに植栽を行い、中庭のように利用すれば単なる"通路"ではなく"広場"になる

共同住宅には幅員 1.5 m（階数≦3で延べ面積＜200㎡の建築物の場合は90㎝）以上の敷地内通路が必要である

木造2階建て共同住宅。4棟の建物（1棟に8住戸）で構成されている。共同住宅で2棟以上の場合は用途上可分となるので、敷地を分割しなければならない。したがって、それぞれの敷地ごとに敷地内通路を設ける必要がある［※］。

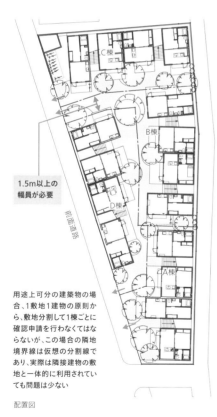

1.5m以上の幅員が必要

前面道路

C棟
B棟
D棟
A棟

用途上可分の建築物の場合、1敷地1建物の原則から、敷地分割して1棟ごとに確認申請を行わなくてはならないが、この場合の隣地境界線は仮想の分割線であり、実際は隣接建物の敷地と一体的に利用されていても問題は少ない

配置図

隣地境界線から3m以内（延焼のおそれのある部分）にある1階の開口部には、防火設備を設けなければならないので、網入りガラスを使用している

チェックポイント

□共同住宅は敷地内通路を設ける［令128条］
　敷地内通路とは、建築物の屋外への出入口および屋外避難階段の降り口から道路や避難上有効な空地までスムーズに避難を行わせるための通路である。共同住宅などの特殊建築物は、避難階の出口および屋外避難階段から道路に通じる部分に、通路幅≧1.5 m（階数≦3で延べ面積＜200㎡の建築物の場合は90㎝）の敷地内通路を設けなければならない［122頁］

※　共同住宅では車庫や物置、自転車置場などは用途上不可分の扱いになるので同一敷地内に建築してもよい
解説：納谷学＋納谷新／納谷建築設計事務所

1・2階および2・3階がメゾネット型住戸になっている8戸の重層長屋。道路斜線と日影規制を考慮して設けた前面の空地は、界隈の街並みに馴染むように8戸分専用の前庭（4戸分の敷地内通路を兼ねる）とした。接道面には8つの門扉を並べている

長屋は道路から各住戸の玄関に、共用部分を介さずに直接入ることが可能な集合住宅。間口が広い敷地に長屋を計画する場合には、敷地内通路を各住戸ごとに分割して接道させることができる。道路境界線上に、各住戸専用の門扉を設置すれば、敷地内通路は居住者の占用空間となる。

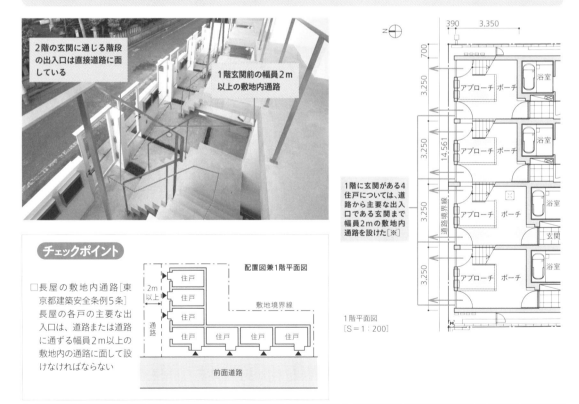

2階の玄関に通じる階段の出入口は直接道路に面している

1階玄関前の幅員2m以上の敷地内通路

1階に玄関がある4住戸については、道路から主要な出入口である玄関まで幅員2mの敷地内通路を設けた［※］

1階平面図
［S＝1：200］

チェックポイント

□長屋の敷地内通路［東京都建築安全条例5条］　長屋の各戸の主要な出入口は、道路または道路に通ずる幅員2m以上の敷地内の通路に面して設けなければならない

配置図兼1階平面図

2m以上

住戸
住戸
住戸
住戸　住戸　住戸　住戸

通路

敷地境界線

前面道路

※　通路に門扉を設ける場合は、門扉を開放した状態で定められた有効幅員を確保しなければならないが、本件は道路から玄関までの距離が短いことや各戸ごとの専用通路であることなどから門扉部分の有効幅員を確保しなくても認められた
解説：内田直之　内田直之建築設計事務所
写真：海老原一己　GlassEye Inc.

Part 7
居室

居室

❶ 居室の天井高

［令21条］

室は居室と非居室に区分され、居室は「居住、執務、作業、集合、娯楽などのために継続的に使用する室」と定義されている。居室には天井高、床高、採光、換気などの規定が定められ無窓の居室や階の居室床面積合計の大きい建築物には避難規定による制限が厳しくなっている

a：居室

勾配天井のLDK

居室の天井高は2.1m以上でなければならない。天井高は床面から測り、勾配天井など1室で天井高の異なる部分がある場合は、平均の高さを天井高とする。平均の高さは、居室の容積÷居室の床面積で求める

b：非居室（納戸）

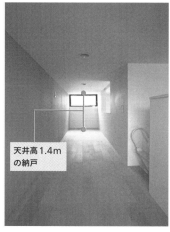

天井高1.4mの納戸

戸建住宅の納戸。納戸は非居室に該当するので、天井高は2.1mに満たなくてもよい

c：非居室（台所）

2.1mなくてもよい

LDと明確に区画された台所は、居室ではなく非居室に該当するので、天井高が2.1mなくてもよい。居室に必要な採光も不要［※1］

❷ 地下室

a：地盤面よりも上にある地下室

地階の居室は採光規定が適用されないが、採光無窓の居室［※2］に該当すると居室を区画する主要構造部を耐火構造または不燃材料で造らなければならない。ただし告示による緩和措置がある［142頁］［資料提供：吉村靖孝建築設計事務所］

2階建て戸建住宅に地階を設けて、地階の一部を地盤面より上にすると、開口部の位置によって3階建てのように見える。第1・2種低層住居専用地域では、地上3階建ての建物は日影規制の対象になるなど、プランに制約が生じるが、地下1階＋地上2階の場合は対象外となるので、プランが比較的自由になる

地階の居室には採光が必要ないので、開口部を大きく設ける必要はない。寝室などに最適

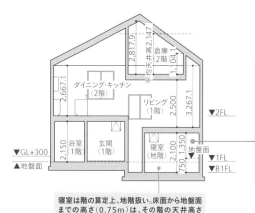

断面図［S＝1：200］

倉庫2階
平均天井高2.147
2.817.9
1.104.1

ダイニング・キッチン（2階）
2.667.1

リビング（1階）
2.500
3.267.1
▼2FL

浴室（1階）
2.150

玄関（1階）

寝室（地階）
2.100
750 1.350

地盤面
▼1FL
▼B1FL

▼GL+300
▲地盤面

寝室は階の算定上、地階扱い。床面から地盤面までの高さ（0.75m）は、その階の天井高さ（2.1m）の1/3以上となっている［54頁］

※1　住宅の台所は、小規模なもので他の部分と明確に区画され、調理のみに使用し食事等の用途に供しないものは非居室として扱われる。なお飲食店の厨房などは居室扱いである
※2　または代替進入口と同じ大きさの開口部のない居室［法35条の3、令111条］

採光が必要な住宅などの居室でも、地階に設けた場合は採光が不要。また「住宅の居室」、「学校の教室」、「病院の病室」、「寄宿舎の寝室」を地階に設ける場合は「地階の技術基準」が適用されるが、居室は防湿措置として①ドライエリア（からぼり）を設けて開口部による換気を行う、②換気設備を設ける、③除湿設備を設ける　のいずれかとすればよい。このため、地下室に②または③を設けた場合はドライエリアを設ける必要はない。ただし、地階の居室が無窓居室となる場合は以下の通り防火避難規定による制限が厳しくなることから、ドライエリアを設けて居室の採光、換気、排煙を確保することは建築物の設計の自由度を保持する有効な方法と言える。

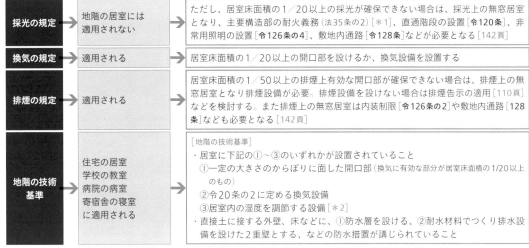

採光の規定	地階の居室には適用されない	ただし、居室床面積の1／20以上の採光が確保できない場合は、採光上の無窓居室となり、主要構造部の耐火義務（法35条の2）［＊1］、直通階段の設置［令120条］、非常用照明の設置［令126条の4］、敷地内通路［令128条］などが必要となる［142頁］
換気の規定	適用される	居室床面積の1／20以上の開口部を設けるか、換気設備を設置する
排煙の規定	適用される	居室床面積の1／50以上の排煙上有効な開口部が確保できない場合は、排煙上の無窓居室となり排煙設備が必要。排煙設備を設けない場合は排煙告示の適用［110頁］などを検討する。また排煙上の無窓居室は内装制限［令126条の2］や敷地内通路［128条］なども必要となる［142頁］
地階の技術基準	住宅の居室 学校の教室 病院の病室 寄宿舎の寝室 に適用される	［地階の技術基準］ ・居室に下記の①〜③のいずれかが設置されていること 　①一定の大きさのからぼりに面した開口部（換気に有効な部分が居室床面積の1/20以上のもの） 　②令20条の2に定める換気設備 　③居室内の湿度を調節する設備［＊2］ ・直接土に接する外壁、床などに、①防水層を設ける、②耐水材料でつくり排水設備を設けた2重壁とする、などの防水措置が講じられていること

＊1　主要構造簿の耐火義務については代替進入口と同じ大きさの開口部がない場合にも適用される。ただし告示による緩和がある。
＊2　除湿機能付きエアコンも可。移動可能な除湿器は不可

b：からぼりのある地下室 ［法29条・令22条の2・平12建告1430号］

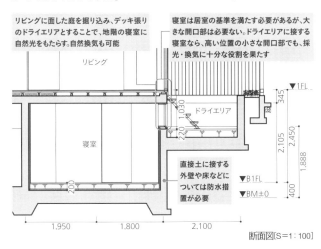

リビングに面した庭を掘り込み、デッキ張りのドライエリアとすることで、地階の寝室に自然光をもたらす。自然換気も可能

寝室は居室の基準を満たす必要があるが、大きな開口部は必要ない。ドライエリアに接する寝室なら、高い位置の小さな開口部でも、採光・換気に十分な役割を果たす

リビング

ドライエリア

寝室

直接土に接する外壁や床などについては防水措置が必要

▼1FL
345
1,030
220
2,105
2,450
1,888
400

▼B1FL
▼BM±0

1,950　1,800　2,100

断面図［S＝1：100］

住宅の居室などを地階に設ける場合、直接土に接する外壁・床・屋根には防水措置が義務付けられている。からぼり（ドライエリア）の設置部分は直接土に接しないので適用されない。なおドライエリアは地盤面の算定に注意が必要［54頁］

ドライエリア（からぼり）については「からぼりの上部は外気に開放されていること」「からぼりの底面は開口部より低い位置に設置すること」「排水枡等の排水設備を設置すること」などのほか、寸法基準が定められている［平12建告1430号］

❸ 居室の床高さ

［令22条］

最下階の居室の床が木造の場合は、直下の地面から床の上面まで45cm以上とし、外壁の床下にはネズミが侵入しないようにした換気孔を設けなければならない。ただし、床下を防湿土間コンクリートやベタ基礎などとした場合は適用されない

土間キッチン。GLからの高さは225mmだが、防湿処理（ベタ基礎）を施しているので問題ない［写真提供：リオタデザイン　後関勝也］

リビングの床を下げたLDK。ダイニングに対して基礎立上り（ベタ基礎）の高さ465mm分を下げ、リビングの天井を高くしている［写真提供：直井建築設計事務所　写真：上田宏］

採光・換気

1 居室の採光 ［法28条］

建物の用途によって居室に採光が求められる。採光に必要な開口部の面積は居室の用途ごとに定められている。各居室の床面積に規定の割合を乗じ、必要な開口部の面積（有効採光面積）を求める

表 採光が必要な居室と有効採光率（※）［令19条3項］

採光が必要な居室の種類	有効採光率
幼稚園・小学校・中学校・義務教育学校・高等学校・中等教育学校の教室	≧1／5 [※1]
保育所の保育室 [※2]	
住宅の居住のための居室	≧1／7 [※1]
病院・診療所の病室	
寄宿舎の寝室、下宿の宿泊室	
児童福祉施設等の寝室	
児童福祉施設等の訓練室など	
幼稚園・小学校・中学校・義務教育学校・高等学校・中等教育学校以外の学校の教室	≧1／10
病院・診療所・児童福祉施設等の居室（談話室等）	

※　有効採光面積／居室の床面積

❶ 住宅の居室

住宅の居室（ここではリビング・ダイニング）では、有効採光率（有効採光面積／居室の床面積）を1／7以上としなければならない［写真提供　S.O.Y.建築環境研究所］

図 採光が不要な天井の低い水廻りを中央にまとめる

平面的に広い建物では、内部空間の中央まで光が届きにくい。この場合は、中央部にトップライトを設けて、その周囲にリビングや寝室などの居室を配置するプランで対応できる

居室の天井高（最低2,200mm・最高3,200mm）と浴室天井高（内部が2,100mm）の差を生かして、トップライトからの光を反射させ、外側の居室に柔らかく光を取り込んでいる［資料提供　セシモ設計　写真　吉村昌也］

参考　マンション・リノベーションの事例

採光の要らない水廻りを居室の中央にまとめて、回遊性をもたせている。水廻り部分は天井高も抑えた［写真提供　カガミ建築計画］

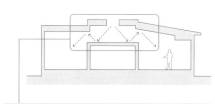

実際に光が取り入れられても、確認審査において、光の反射は考慮されない。ただし、ボックス部分より天窓部分のほうが大きい場合は、天窓部分面積からボックス部分面積を差し引いて天窓の有効開口部とすることができる。この場合の採光補正係数は3.0

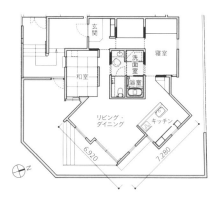

有効採光面積はリビング、寝室、和室それぞれの床面積の1／7以上

平面図[S=1：300]

※1　床面から高さ50cmの水平面で200lx以上の照度を確保する照明器具を設置した場合は、床面から50cm以上の部分の開口部の有効採光率が≧1／7であればよい［昭55建告1800号］。なお幼稚園の教室や保育所の保育室の採光緩和は135頁参照。また住宅の居室の採光は、床面で50lx以上の照度を確保すれば有効採光率を≧1／10とすることができる［令和5年4月1日施行］

※2　幼保連携型認定こども園の教室は①、保育室は②に該当する

134

❷ 保育所の採光

保育所では、保育室の有効採光率は1／5以上、居室と寝室の有効採光率は1／7以上必要［資料提供：環境デザイン研究所］。ただし幼稚園の教室や保育所の保育室は、床面で200lx以上の照度を確保する照明器具を設置した場合は有効採光率が≧1／5から≧1／7に緩和される［昭55建告1800号］。また、採光が確保できない居室を含めた複数の居室について、一体的に利用するものであると特定行政庁が認定した場合は1室とみなされる

a：保育所の保育室

保育室は有効採光率1／5以上なので、開口部を大きくしなければならない

b：保育所のホール

構造で必要な耐力壁を、面材耐力壁ではなくブレースとして、有効採光率を1／5以上確保した

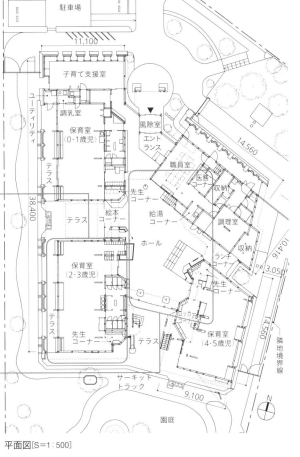

平面図[S＝1：500]

❸ 高齢者福祉施設の採光

高齢者福祉施設は、建築基準法上、寄宿舎や児童福祉施設等として取り扱われる。いずれにおいても、寝室については、有効採光率は1／7以上を確保しなければならない［資料提供：松本設計］

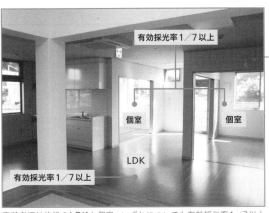

高齢者福祉施設のLDKと個室。いずれについても有効採光率1／7以上を満たすように開口部を設けている

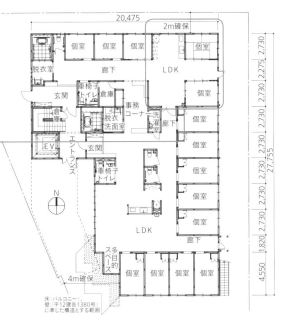

平面図[S＝1：400]

図1 水平距離・垂直距離の考え方

開口部の採光量は開口部の前面の空間により異なるため、有効採光面積は、開口部面積を用途地域や開口部前面の寸法を勘案した採光補正係数により補正して算定する

❶ 水平距離・垂直距離の基本

水平距離Dは、開口部の直上にある建物部分と、隣地境界線、同一敷地内の他の建築物、または当該建築物の他の部分までで考える。開口部が道路、公園などに面する場合は137頁参照

❷ 1つの窓で水平距離が変わる場合

同一の開口部の間で水平距離が2つ生じる場合は、小さい方の数値を採用して採光補正係数を求める

$$\boxed{\begin{array}{c} \text{有効採光面積} \\ = \\ \text{開口部の面積（W）×採光補正係数（K）} \end{array}}$$

表 採光補正係数の算定式

採光補正係数（K）＝
（水平距離D／垂直距離H）×係数［＊1］－定数［＊2］

用途地域	採光補正係数（K）の算定式	d	K＜1の場合の補正値	
			窓が道に面していない場合	窓が道に面している場合
住居系用途地域	D／H×6－1.4	7m	d≦Dで K＜1のとき	K＜1のとき K＝1とする
工業系用途地域	D／H×8－1	5m	K＜1のとき K＝1とする	
商業系用途地域	D／H×10－1	4m		
用途地域の指定のない区域			d＞DでK＜0のとき K＝0とする	

注　算定の結果、Kが3を超えた場合はK＝3とする
＊1　住居系地域は6、工業系地域は8、商業系地域・無指定地域は10
＊2　住居系地域は1.4、工業系地域・商業系地域・無指定区域は1.0

① 水平距離・垂直距離の基本

開口部aの採光関係比率はD1／H1
開口部bの採光関係比率はD2／H2

② 同一開口部で水平距離が異なる場合

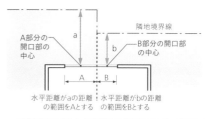

水平距離がaの距離の範囲をAとする　水平距離がbの距離の範囲をBとする

原則として窓全体を水平距離bで算定するが、採光補正係数が0以下となる場合は、Bの部分は開口部がないものとみなし、Aの範囲のみの開口部としてaにより算定してもよい

図2 道路・公園・広場・川に面する場合

❶ 道路に面する場合

道路反対側の境界線　道路境界線　垂直距離H　水平距離D　開口部の中心　注意

開口部が道路に面する場合は、道路の反対側までを水平距離Dとする

道路に面する場合

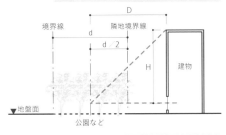

道路の反対側の境界線までが水平距離Dとなる

❷ 公園に面する場合

隣地境界線　垂直距離H　水平距離D　公園の幅の1／2に当たる部分　隣地境界線　境界線

開口部が公園に面する場合は、公園の幅の1／2のみ隣地境界線が外側にあると考える

公園・広場・川に面する場合

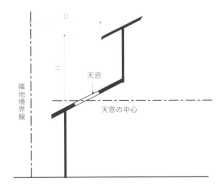

恒久的な公園・広場・川などを対象としている。一時的に存在する空地などは対象外

公園などの幅dの1／2だけ、隣地境界線が外側にあるとみなし、ここまでの距離を水平距離Dとする

❸ 川に面する場合

垂直距離H　隣地境界線　水平距離D　開口部の中心　川幅の1／2に当たる部分　境界線

開口部が川に面する場合は、川幅の1／2のみ隣地境界線が外側にあると考える

Column 天窓の採光補正係数

天窓の採光は採光補正係数＝算定式×3.0（ただし3.0が上限）

居室に天窓がある場合は、算定式に3.0を乗じたものが採光補正係数となる。下層階に天窓を設ける場合や天井面から天窓までの距離が深い場合は、その距離に応じた算定式で算定する。庇や軒が天窓にかかる部分は有効採光0となる [136頁]

3 2室を1室とみなす条件

[法28条]

図1 幅90cm以上の縁側がある場合の有効採光面積

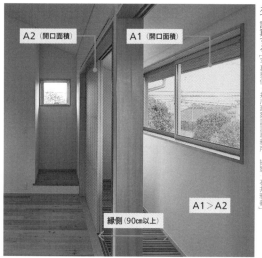

A2（開口面積）　A1（開口面積）

A1＞A2

縁側（90cm以上）

幅90cm以上の縁側の奥に設けられた和室には、和室の開口面積と縁側の外側にある開口部の面積を比較したうえで計算する［写真提供／井川建築設計事務所　撮影／石井雅義］

押入

A2（開口面積）

縁側

A1（開口面積）

≧90cm

平面図

開口部の有効採光面積
＝0.7×算定式×A2（A1＞A2）

注：居室の開口部の外側に幅90cm以上の縁側などがある場合は、算定式×0.7を採光補正係数として有効採光面積を計算する

図2 2室を1室とみなす取扱い［※］

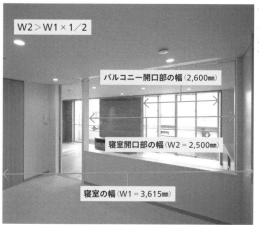

W2＞W1×1／2

バルコニー開口部の幅（2,600mm）

寝室開口部の幅（W2＝2,500mm）

寝室の幅（W1＝3,615mm）

リフォーム時に新たに設置した寝室。採光のために寝室開口部の幅は2千500mmに設定。これは寝室の幅3千615mmの1／2以上

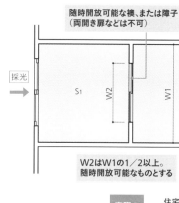

随時開放可能な襖、または障子
（両開き扉などは不可）

採光

S1　W2　W1　S2

W2はW1の1／2以上。
随時開放可能なものとする

平面図

実際の事例で解剖

住宅の開口部に必要な
有効採光面積≧
（S1＋S2）×1／7

天井にはロールカーテンを納めている

片引戸の部分は採光に有効な開口部とはならない。引違い戸の場合はふすまと同様に扱われる

開口は随時開放可能なもの。ここでは障子、天井に納まったロールカーテンで仕切っている［資料提供／カガミ建築計画］

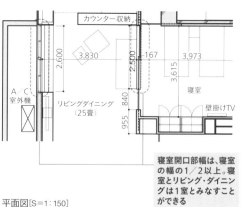

カウンター収納

3,830

2,600

167

2,500

3,973

3,615

A・C
室外機

840

寝室

955

リビングダイニング
（25畳）

壁掛けTV

寝室開口部幅は、寝室の幅の1／2以上。寝室とリビング・ダイニングは1室とみなすことができる

平面図[S=1:150]

※ 近隣商業地域・商業地域内の住宅の居室については、襖や障子で仕切られていない場合でも、居室間に窓などの開口部があれば2室を1室とみなす採光緩和措置がある［平15国交告303号］

138

図1 居室の開口部が開放廊下に面する場合

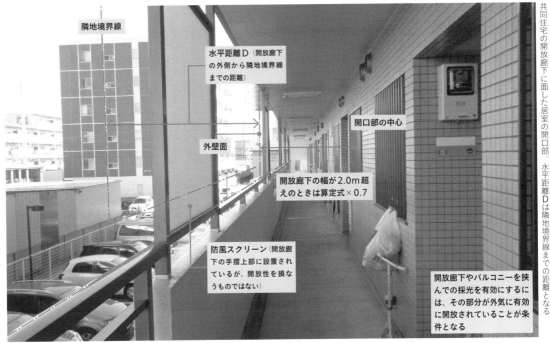

隣地境界線

水平距離D（開放廊下の外側から隣地境界線までの距離）

外壁面

開口部の中心

開放廊下の幅が2.0m超えのときは算定式×0.7

防風スクリーン（開放廊下の手摺上部に設置されているが、開放性を損なうものではない）

開放廊下やバルコニーを挟んでの採光を有効にするには、その部分が外気に有効に開放されていることが条件となる

共同住宅の開放廊下に面した居室の開口部。水平距離Dは隣地境界線までの距離となる

手摺

窓幅の中心

D

採光補正係数算定上の「水平距離」

開放廊下

居室

玄関廊下

L

▲隣地境界線

平面図

L≦2.0mの場合：
採光補正係数＝算定式×1.0
L＞2.0mの場合：
採光補正係数＝算定式×0.7
ただし、特定行政庁や確認検査機関によって取扱いが異なる場合がある

採光補正係数算定上の「垂直距離」

H

h_2

h_1

L

窓高さの中心

居室

$h_2 \geqq h_1 / 2$
かつ $\geqq 1.1m$

断面図

図2 屋外階段に面する場合の採光上有効な部分

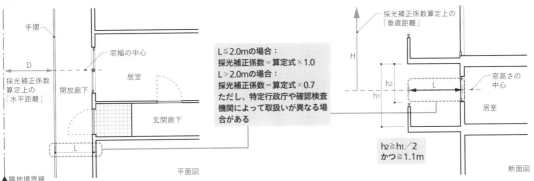

開放廊下

採光上有効な部分

屋外階段

開放廊下越しの屋外階段に面する開口部。屋外階段に重ならない位置が採光上有効な部分

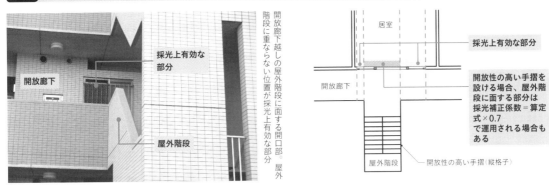

居室

採光上有効な部分

開放廊下

開放性の高い手摺を設ける場合、屋外階段に面する部分は採光補正係数＝算定式×0.7で運用される場合もある

屋外階段

開放性の高い手摺（縦格子）

part
7
居室

5 換気

[法28条2項]

❶ 開口部の形状による有効換気面積の考え方（自然換気）

居室には、換気に有効な部分の面積が居室の床面積の1／20以上となる開口部を設けるか、政令で定める換気設備を設けなければならない。有効換気面積＝窓面積×下表の倍数とする

表　窓の形式ごとの係数

窓の形式	倍数
はめ殺し	0
引違い	1／2
3枚引違い	2／3
片引き	1／2
両開き	1
上げ下げ	1／2
ガラリ 回転 内倒し	$90° \geqq a \geqq 45°$ のとき　有効開口面積＝窓面積 $45° > a > 0°$ のとき　有効開口面積＝a／45°×窓面積

＊　aは回転角度

a：引違い

アルミサッシの引違い戸。有効開口面積は窓面積の１／２［撮影協力：井川建築設計事務所］

d：3枚引違い

ダイニングの開口いっぱいに設けられた3枚引違いの開口部。有効開口面積は窓面積全体の2／3［写真提供：直井建築設計事務所　写真　上田宏］

b：片引き

木製建具の片引き戸。引違い戸と同様に有効開口面積は窓面積の１／2［写真提供：リオタデザイン　新澤一平］

e：上げ下げ

上げ下げ窓については、有効開口面積を窓面積の1／2とする

c：片引き＋はめ殺し

はめ殺し戸（写真左）と片引き戸（写真右）の組み合わせによる横連窓。この場合は、片引き戸の窓面積が有効開口面積となる［写真提供　クラムデザイン一級建築士事務所］

140

g：外倒し

外倒し窓。回転角度（a）が0°〜45°のときは、有効開口面積をa／45°×窓面積とする。内倒し窓も同様。［写真提供：井川建築設計事務所］

f：ガラリ

物販店の外壁に取り付けられた換気用ガラリ。回転角度（a）が45°〜90°のときには、窓面積を有効開口面積とする

❷ 換気設備

［令20条の2］

換気設備には、①自然換気設備、②機械換気設備、③中央管理方式による空調設備があり、法別表第1（い）欄（1）の用途（劇場や映画館など）では換気を①とすることは認められず、火気使用室では換気を③とすることは認められない。機械換気設備は換気扇等で換気するもので、給排気の方法により以下の第1種〜3種の換気方式がある

表1　機械換気設備の種類

第1種換気	給気と排気の両方をファンで行う。必要な給気量と排気量を確保するのに最適。高気密・高断熱の居室などで使用されることが多い
第2種換気	給気をファンで行い、排気は自然排気とする。特に給気が必要なボイラー室などで使用されることが多い
第3種換気	給気を自然給気とし、排気はファンで行う。厨房、湯沸室、便所などで使用されることが多い

オフィスの出入口上に設けられた排気口。第1種換気システムを採用している［撮影協力：日建設計］

❸ シックハウス対策

人体に有害な石綿（アスベスト）とクロルピリホスは建築材料としての使用が禁止されている。ホルムアルデヒドを含んだ建築材料はその発散量により以下の4種類に区分され使用が制限されている。また家具等に含まれるホルムアルデヒドへの対策のため、原則として居室を有するすべての建築物に定められた換気量の機械換気設備または中央管理方式の空調設備の設置が義務付けられている

表2　建築材料のホルムアルデヒド発散基準

第1種建築材料	発散速度が最も早い。居室には使用不可
第2種・第3種建築材料	居室の種類と換気回数に応じて、使用面積制限を受ける
規制対象外の建築材料	F☆☆☆☆（フォースター）と呼ばれる建築材料。ホルムアルデヒドをほとんど発散しないので使用制限を受けない

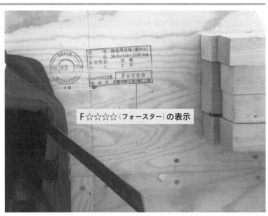

F☆☆☆☆（フォースター）の表示がある第4種ホルムアルデヒド発散建築材料（構造用合板）［写真提供：イン・ハウス建築計画］

6 無窓居室

窓などの開口部のある居室でも、開口部の面積が一定の基準を満たさない場合、建築基準法上の「無窓居室」となる。「無窓居室」には、「採光上の無窓居室」「換気上の無窓居室」「排煙上の無窓居室」の3つがある

表　無窓居室の種類

種類	無窓の条件	規定	措置
採光上の無窓居室 [令111条1項1号・令116条の2第1項1号]	採光に有効な開口部が居室床面積の1/20未満	無窓居室の主要構造部 [法35条の3]	居室を区画する主要構造部を耐火構造とするか不燃材料とする。ただし告示による緩和がある[※1]
		廊下の幅[119条]	廊下の幅は定められた数値以上としなければならない
		直通階段[令120条]	無窓居室から直通階段への歩行距離は30m以内とする。歩行距離は主要構造部を不燃化しても緩和されない
		非常用照明[令126条の4]	非常用照明を無窓居室および避難経路に設置
		敷地内通路[令128条]	屋外出口から道路に通ずる1.5m（階数≦3かつ延べ面積<200㎡の建築物は90cm）以上の敷地内通路を設ける。排煙無窓居室にも適用
換気上の無窓居室	換気に有効な開口部が居室床面積の1/20未満	換気設備 [法28条2項・令20条の2]	自然換気設備、機械換気設備、または中央管理方式の空気調和設備を設置
排煙上の無窓居室 [令116条の2第1項2号・令128条の3の2]	排煙に有効な開口部が居室床面積の1/50未満	排煙設備[令126条の2]	排煙設備を設置
		内装制限[令128条の5]	50㎡を超える居室は、居室と避難経路の内装制限を受ける

物販店の地下売場

機械排煙設備

物販店の地下売場は開口部がまったくないので、すべての無窓居室に該当する。換気については機械換気設備、排煙については排煙設備が必要（物販店の居室は採光不要[134頁]）

採光規定が適用されない居室とは

[法28条1項ただし書]

住宅、学校、病院などでは居室面積に対する有効採光面積の割合を定められた数値以上としなければならないが、以下の居室については、この採光規定が適用されない

①地階もしくは地下工作物内に設ける居室
②温湿度調整を必要とする作業室
③用途上やむを得ない居室

用途上やむを得ない居室
[法28条1項ただし書・平7住指発153号]
開口部を設けることが望ましくない居室として、大音量の発生やその他音響上の理由により防音措置を講ずるべき住宅の音楽練習室やリスニングルーム[※1]などが挙げられている。
①～③の居室は採光規定は適用されないが、法35条の3の採光無窓居室等に対する防火規制は適用される
採光上の無窓居室等に対する防火規制[法35条の3]
採光に有効な開口部が居室床面積の1/20未満の居室または代替進入口と同じ大きさの開口部のない居室は、法別表第1（い）欄（1）の用途のものを除いて、居室を区画する主要構造部を耐火構造または不燃材料で造らなければならない[法35条の3、令111条]ただし、告示による緩和措置がある[※2]

Column　地下に設ける音楽練習室

建物の用途により居室には採光上有効な開口部を設置する必要があるものの、「用途上やむを得ない居室」については、この基準を満たす必要がない。戸建住宅でその代表格となるのが左事例のような音楽練習室。地階の居室は、防音性能も求められる音楽練習室にとって格好のスペースである。

木造2階建て戸建住宅の地階に音楽練習室を設置。採光を得るための開口部はないが、地盤面より上にある部分には高窓を取り付けて、必要最小限の光と風を取り込んでいる
[写真提供：イン・ハウス建築計画]

※1　遮音板を積み重ねた浮き床を設けるなど、遮音構造とする必要があるほか、その住宅の室数および床面積を勘案したうえで、付加的な居室であることが明らかなものに限る
※2　①床面積が30㎡の就寝用途以外の居室、②避難階で屋外の出口までの歩行距離≦30m、③避難階の直上階や直下階で屋外の出口または屋外避難階段の出入口までの歩行距離≦20m、のいずれかで、自動火災報知設備を設けたものや、一定の避難上支障のない措置を講じたものには適用されない（令2国交告249号）

part
7
居室

住宅密集地にある建物では、外壁に開口部を設けても、居室の採光基準を満たす有効採光面積を確保することは難しい。本事例は、建物の中央をくり抜いてテラスと吹抜けを挿入し、建物上部から光を取り入れるライトコートを設けている。用途地域が準工業地域で、住居系の用途地域に比べて採光補正係数の算定値が大きくなるため、奥行き2m程度のライトコートでも有効採光面積を確保できた。

必要最小限の開口部は設置。3階建ての建物に必要な代替進入口ともなる[令126条の6][124頁]

唯一採光は期待できる南側はファサードだが、前面道路を挟んで5階建てのマンションがあり、プライバシーの観点から開口部を大きくとらなかった

2・3階にテラスを挿入し、屋根からの採光を得ている

3階建て以上の建物がびっしりと建ち並ぶ準工業地域（採光補正区域[K]はD／H×8−1）に計画された3階建て戸建住宅。無理に外壁開口部を設けず、屋根面（テラス）から採光を得るようにした

インテリアのアクセントとしての窓。通風用でもある（丸穴部は網戸）

排煙上有効な開口部となっている

リビングの範囲

階段脇の2階の廊下は階段の一部でもあるので、幅員750mm以上としている

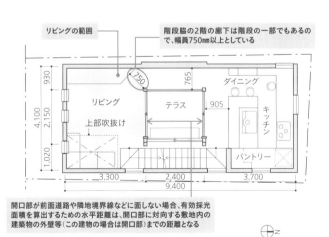

リビング
上部吹抜け
テラス
ダイニング
キッチン
パントリー

750
765
905
930
2,150
4,100
1,020
3,300
2,400
9,400
3,700

N

開口部が前面道路や隣地境界線などに面しない場合、有効採光面積を算出するための水平距離は、開口部に対向する敷地内の建築物の外壁等（この建物の場合は開口部）までの距離となる

2階平面図[S＝1：150]

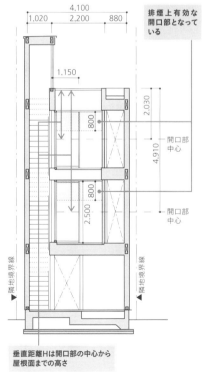

4.100
1.020
2.200
880
1.150
2.030
800
4.910
800
2.500

開口部中心
開口部中心

隣地境界線
隣地境界線

垂直距離Hは開口部の中心から屋根面までの高さ

断面図[S＝1：150]

注　建物は戸建住宅で3階建て。建築面積は38.54㎡で、延べ面積は107.00㎡である

引違い窓なので、有効換気面積を計算するときの倍数は1／2

階数3以上の建物なので直通階段の設置を義務付けられるが、順路は明らかなものの、階段は連続していない。そのため階段の一部とみなされる廊下の幅を階段と同じ750mmとした

テラスの大きさは、階段の幅（750mm以上）［令23条］を考慮して設定

チェックポイント

□採光計算・換気計算・排煙計算
・リビングの床面積、開口面積を求める
床面積　$4.1 \times 3.3 - 0.87 \times 1.04 = 12.625$㎡
開口面積　$W1.740 \times H2.500 = 4,350$㎡（断面図参照）

・採光計算［法28条、令20条］
①用途地域が準工業地域のため採光補正係数は以下の算定式を用いる
採光補正係数
$= D/H \times 8-1$
（D:水平距離　H:垂直距離　平面図と断面図参照）
$= 2,000/4,910 \times 8-1 = 2.258$
②有効開口面積
$=$ 開口面積 $\times$ 採光補正係数
$= 4,350 \times 2.258 = 9.822$㎡
③床面積/7＜有効開口面積を満たせば採光OK
12.625㎡$/7 = 1.803$㎡< 9.822㎡　∴OK

・換気計算［法28条2項］
①引き違い窓の際、有効換気面積は開口面積の1/2
有効開口面積
$= 4,350 \times 1/2 = 2.175$
②床面積/20＜有効換気面積を満たせば排煙OK
12.625㎡$/20 = 0.631 < 2.175$　∴OK

・排煙計算［令116条の2第1項2号］
①有効換気面積
$=$ 開口幅 $\times$ H0.80 $\times$ 1/2
$= W1.740 \times H0.80 \times 1/2 = 0.696$
②床面積/50＜有効換気面積を満たせば排煙OK
12.625㎡$/50 = 0.252 < 0.696$　∴OK

Column　冷暖房時の空気が逃げないよう、直通階段に扉を設けられないか？

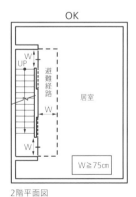

OK

W
UP
避難経路
W
居室
W

2階平面図

NG

施錠装置を設けている
W
UP
避難経路
居室
避難経路が襖で分断されている
W
居室
施錠装置を設けている

2階平面図

W≧75cm

階数が3以上の建築物には直通階段を設けなければならない。直通階段とは、避難階または地上まで誤りなく通じる階段をいう。階段途中に扉があるものや次の階段の位置が離れていて連続性に欠けるものなどは直通階段に該当しない。しかし小規模な住宅などで廊下を設けるスペースが無い場合は、階段に扉をつけたいという希望が多い。こうした場合、左側の図のような住宅では、直通階段の出入口に扉を設けても、階段から次の階段まで歩行距離の短い避難経路が確保され、避難上支障ないものは直通階段と認められるケースもあるので申請先に相談すると良い。ただし、竪穴区画［93頁］が必要なものや、右側の図のように避難経路を襖等で分断したり、扉を施錠するなど、避難上支障のあるものは認められない。

解説：廣部剛司／廣部剛司建築研究所
写真：鳥村鋼一

住宅密集地において隣地境界線との間隔が50cm程度しかない場合、居室の有効採光面積を確保することは難しい。床面積に算入されない出窓を設けても、水平方向からの採光しか認められない。一方、床面積に算入される出窓なら、垂直方向からの採光が認められるケースもある。この場合は天窓（トップライト）と同じ扱いになり、採光補正係数を算定値の3倍にできるので。有効採光面積をかなり大きくできる。

チェックポイント

出窓を床面積に不算入とする場合は、
❶ 出窓の下端を床面から30cm以上離す
❷ 外壁から50cm以上突き出さない
❸ 窓の見付け面積を出窓全体の見付け面積の1／2以上とする
という条件を満たす必要がある。ただし、床面積に算入されないため、出窓の上部に開口部（天窓）があっても、その部分からの採光は認められていない。一方、床面積に算入される出窓については、天窓からの採光が認められるケースもある

出窓の場合
［床面積に算入されない場合］

隣地境界線 / 室内 / 天窓

天窓としての採光は認められない

隣地境界線に近い場合は、水平距離が小さくなるので、有効採光面積を大きくすることができない

掃出し窓の場合
［床面積に算入される出窓を含む］

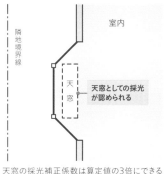

隣地境界線 / 室内 / 天窓

天窓としての採光が認められる

天窓の採光補正係数は算定値の3倍にできるので、有効採光面積を大きくすることができる

出窓を斜めに傾けることで光を最大限に取り込んでいる

光に包まれる地階の寝室（居室）。地階の居室は採光規定が適用されないが［法28条1項］、床面積に含まれる出窓を利用して有効採光面積を大きくするという考え方は、地上階にある居室にも応用可能

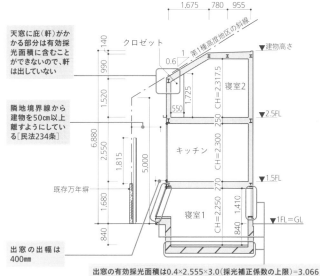

天窓に庇（軒）がかかる部分は有効採光面積に含むことができないので、軒は出していない

隣地境界線から建物を50cm以上離すようにしている［民法234条］

第1種高度地区の斜線 / ▼建物高さ / クロゼット / 寝室2 / ▼2.5FL / キッチン / ▼1.5FL / 寝室1 / ▼1FL＝GL

1.675 / 780 / 955 / 140 / 0.6 / 990 / 0.6 / 1.725 / CH＝2,317.5 / 550 / 250 / 1.520 / CH＝2,300 / 250 / 6.880 / 2.550 / 270 / 1.815 / 5.000 / CH＝2,250 / 1.410 / 1.680 / 840 / CH＝2,250 / 840

既存万年塀

出窓の出幅は400mm

断面図［S＝1：150］

出窓の有効採光面積は0.4×2.555×3.0（採光補正係数の上限）＝3.066㎡。右側の開口部からは有効な採光が得られていない。寝室の床面積は10.624㎡（出窓部分を含む）なので、有効採光率は0.29（≧1／7）となる

解説：粕谷淳司＋粕谷奈緒子／カスヤアーキテクツオフィス一級建築士事務所（KAO）

1　3階に係る制限

❶ 柱の防火被覆

ロックウール
などで被覆

令70で定められた条件に当てはまる場合、鉄骨の柱は防火被覆しなければならない

❷ 耐火建築物の要求

RC造

3階建ての共同住宅。法別表第1に規定される特殊建築物に該当するので、耐火建築物とするのが原則

❸ 避難階段の設置

物販店

直通階段　　　　　　直通階段

3階が物販店のビル。2以上の直通階段を設置している［令122条］

❹ 排煙設備の設置

階数が2以下かつ200
㎡以下の戸建住宅で、
換気無窓の居室でなけ
れば排煙設備は不要
［平12建告1436号］

階数が3の戸建住宅では、確認の特例がないため、確認申請時に居室の採光・換気・排煙の検討表を添付する

階	項目	概要
3階以上	中間検査の実施 ［法7条の3］	□階数が3以上であるRC造等の共同住宅の場合、2階の床およびはりの配筋工事において中間検査を受ける必要がある □各特定行政庁がその地方の事情を勘案して指定する工程も検査対象となる
	耐火建築物の要求 ［法27条］	□法別表第1（い）欄に記載されている用途のものは耐火建築物または避難時倒壊防止構造建築物としなければならない。ただし（1）～（4）の用途で地上3階建てかつ延べ床面積＜200㎡のものは適用除外
	用途地域 ［法48条・法別表第2］	□住居系用途地域内における店舗、事務所、自動車車庫の用途を3階以上の階に設けてはならない（用途地域によって制限が大きく異なるため、詳しくは法別表を参照のこと）
	日影規制 ［法56条の2］	□第1種・第2種低層住居専用地域では、地階を除く階数が3以上の建築物は日影規制の対象となる
	防火地域内の建築物 ［法61条］	□階数が3以上の建築物は耐火建築物または延焼防止建築物としなければならない
	準防火地域内の建築物 ［法61条］	□地上階数が3の建築物は、延べ面積により、耐火建築物、準耐火建築物、延焼防止建築物、準延焼防止建築物としなければならない
	柱の防火被覆 ［令70条］	□地上階数が3以上の建築物（主要構造部を耐火構造、準耐火構造としたものを除く）で一定の柱は防火被覆が必要
	防火区画 ［令112条11～15項（竪穴区画）］	□主要構造部を準耐火構造、延焼防止構造、準延焼防止構造とし、かつ地階または3階以上の階に居室を有する建築物は、吹抜き、階段など竪穴部分の防火区画が必要。ただし一定の用途で、階数が3以下かつ延べ面積が200㎡未満のものは緩和される
	廊下の幅 ［令117条・令119条］	□廊下の幅は、表に定める数値以上としなければならない
	直通階段の設置 ［令117条・令120条］	□戸建住宅であっても、3階以上の居室からは直通階段を設置しなければならない

階	項目	概要
3階以上	避難階段の設置 [令122条]	□床面積合計が1500㎡を超える物販店で、3階以上に売り場に有するものは、2以上の直通階段を設置し、これを避難階段または特別避難階段としなければならない
	バルコニーの手摺高さ [令126条]	□階数が3以上の建築物では、屋上広場または2階以上の階のバルコニーに、高さ1.1m以上の手摺壁、さく、または金網を設けなければならない
	排煙設備の設置 [令126条の2]	□階数が3以上で延べ面積が500㎡を超える建築物には、排煙設備を設置しなければならない
	非常用照明の設置 [令126条の4]	□階数が3以上で延べ面積が500㎡を超える建築物には、非常用照明を設置しなければならない
	非常進入口（代替進入口）の設置[令126条の6]	□高さ31m以下の部分にある3階以上の階には、非常用の進入口を設置しなければならない
	敷地内の通路 [令128条]	□敷地内には出口から道、公園、広場その他の空地に通ずる幅員1.5m（階数が3以下で延べ面積が200㎡未満の建築物は90㎝）以上の通路を設けなければならない

2 5階に係る制限

❶ 2以上の直通階段の設置

5階建ての校舎。居室の床面積の合計が100㎡を超えるので2つの直通階段を設置している

❷ 屋上広場の設置

5階以上の階に物販店があるビル。屋上広場を設置している[令126条]

階	項目	概要
5階以上	勧告対象建築物 [法10条・令14条の2]	□特定行政庁は、事務所等で階数5以上かつ延べ面積1,000㎡超えのものや、特殊建築物で100㎡を超えるものは、保安上危険な場合に必要な措置をとることを勧告できる
	定期報告[令16条]	□事務所その他これに類する建築物で階数5以上（かつ、延べ面積1,000㎡超）のものを定期報告の対象とすることができる
	2以上の直通階段の設置 [令121条]	□5階以下の階でも居室の床面積の合計が100㎡（※200㎡）[避難階の直上階は200㎡（※400㎡）]を超えるものは2以上の直通階段の設置が必要[令121条1項6号ロ] ただし、劇場等・大規模物品販売店等・キャバレー等・病院等・共同住宅等以外の用途に限る ※は主要構造部が耐火構造であるか不燃材料でつくられている建築物の場合[同条2項]
	避難階段の設置 [令122条]	□床面積の合計が1,500㎡を超える物販店の5階以上の売場に通ずる直通階段の1以上を特別避難階段としなければならない[同条3項]
	屋上広場の設置 [令126条]	□5階以上の階を百貨店（物販店）の売場の用途に供する場合には、避難用の屋上広場を設置しなければならない[同条2項]
	用途地域 [令130条の5の4]	□第1種中高層住居専用地域において、税務署・警察署・保健所・消防署等の公共の用途でも5階以上の階に設けてはならない[同条1号]
	上空通路[令145条]	□建築物の5階以上の階に設けられる上空通路で避難施設として必要なものは道路内の建築が許可される対象となる[同条2項2号]
	安全上の措置 [法90条の3・令147条の2]	□病院・診療所（患者の収容施設があるもの）・児童福祉施設等で、5階以上の階のその用途に供する部分の床面積の合計が1,500㎡を超えるものは、工事中の安全上の措置の届出が必要[同条2号] □劇場等・ホテル等・キャバレー等、遊技場等、飲食店等で、5階以上の階のその用途に供する部分の床面積の合計が2,000㎡を超えるものは、工事中の安全上の措置の届出が必要[同条3号]

3 6階以上に係る制限

❶ 2以上の直通階段 [116頁]

a：2以上の直通階段を設けた例

6階建ての共同住宅。6階に居室を有するので、2つの直通階段を設けている

b：避難上有効なバルコニーと屋外避難階段で直通階段を1つとした例

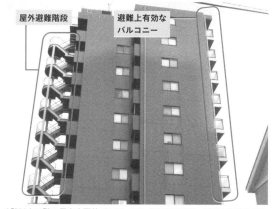

6階以上の階の居室床面積が100（200㎡）以下なので、避難上有効なバルコニーを設け、階段を屋外避難階段とすれば、直通階段は1つでもよい

❷ 建築物の構造制限

a：RC壁式構造

4階建ての団地型共同住宅。RC壁式構造を採用しており、間取りが上下階で統一されている [写真提供：リビタ]

b：壁式ラーメン構造

壁式鉄筋コンクリート造は不可だが壁式ラーメン構造では、6階建て以上が可能。写真の建物は9階建て共同住宅

階	項目	概要
6階以上	2以上の直通階段 [令121条]	□6階以上の階で居室を有するものは2以上の直通階段の設置が必要 　ただし、劇場等・大規模（≧1,500㎡）物販店・キャバレー等・病院等以外の用途で居室の床面積の合計が100㎡（※200㎡）以下の階で屋外避難階段（特別避難階段）および避難上有効なバルコニーを設けたものは1直通階段でよい [同条1項6号イ] 　※は主要構造部が準耐火構造以上であるか不燃材料で造られている建築物の場合 [同条2項]
	壁式鉄筋コンクリート造 壁式プレキャストコンクリート造	□壁式鉄筋コンクリート造または壁式プレキャストコンクリート造の建築物は地階を除く階数が5以下でかつ軒高≦20mとしなければならない [平13国交告1026号]

④ 11階以上に係る制限

高層区画が必要
となる部分

11階以上

10階以下

14階建ての共同
住宅。11階以上の部分には
高層区画が必要である

❶ 防火区画（高層区画）

特定防火設備
（常時閉鎖式）

壁・天井の下地・仕上げを不燃材料としているので、500㎡ごとに防火区画すればよい

❷ スプリンクラーによる倍読み規定

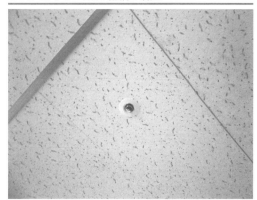

スプリンクラー等の自動消火設備を設置した場合は防火区画の面積が2倍になる。①の場合、1,000㎡ごとに防火区画を行えばよい

階	項目	概要
11階以上	防火区画 ［令112条7～10項（高層区画）］	□11階以上の部分（耐火構造の壁・床、特定防火設備で区画された階段室除く）で壁（1.2m以下の部分を除く）・天井の下地・仕上げを不燃材料とし、耐火構造の壁・床・特定防火設備（常時閉鎖式または随時閉鎖式で熱感知器、煙感知器、温度ヒューズもしくは熱煙複合式感知器連動自動閉鎖）で区画したものは500（※1,000）㎡で区画する［同条9項］ □11階以上の部分（耐火構造の壁・床、特定防火設備で区画された階段室を除く）で壁（1.2m以下の部分除く）・天井の下地仕上げを準不燃材料以上とし、耐火構造の壁・床・特定防火設備（常時閉鎖式、または随時閉鎖式で熱感知器、煙感知器、温度ヒューズもしくは熱煙複合式感知器連動自動閉鎖）で区画したものは200（※400）㎡で区画する［同条8項］ □11階以上の部分（耐火構造の壁・床、防火設備で区画された階段室を除く）で、上記①、②以外の場合は100（※200）㎡で耐火構造の壁・床・防火設備（常時閉鎖式、または随時閉鎖式で熱感知器煙感知器、温度ヒューズもしくは熱煙複合式感知器連動自動閉鎖）で区画［同条7項］ ※はスプリンクラー等の自動消火設備を設置した場合
	冷却塔設備（クーリングタワー） ［令129条の2の6］	□地階を除く階数が11以上である建築物の屋上に設ける冷却塔設備は昭40建告3411号に適合させる

構造はRCラーメン構造
（RC壁式ラーメン構造は不可）

直通階段は2以上必要で、
いずれも特別避難階段に
しなければならない

46階建ての共同住宅。高さが60mを超えるので
（172.39m）、超高層建築物に該当する［法20条］。
安全上必要な構造方法に関して政令で定める技術
的基準に適合するものでなくてはならない

階	項目	概要
15階以上	直通階段までの歩行距離［令120条］	□15階以上の階の居室の直通階段までの歩行距離は、内装仕上げを不燃材料または準不燃材料としても緩和されず、令120条の表の数値通り［同条2項］ □15階以上の階の居室の直通階段までの歩行距離は、内装仕上げを不燃材料または準不燃材料以外でした場合は、制限が強化され令120条の表の数値より10mを減じる［同条3項］
	特別避難階段 ［令122・123条］	□15階以上の階に通ずる直通階段は、特別避難階段としなければならない。ただし主要構造部が耐火構造で、全階（階段等を除く）が100㎡（共同住宅は200㎡）ごとに防火区画されている場合を除く［令122条1項］ □床面積の合計が1,500㎡を超える物販店の15階以上の売場に通ずる直通階段は、すべて特別避難階段としなければならない［令122条3項］ □15階以上の階に通ずる特別避難階段は、15階以上の各階の階段室＋バルコニー（または階段室＋附室）の床面積を、法別表第1（い）欄（1）〜（4）の用途では各居室の床面積の8%、それ以外では3%以上としなければならない［令123条3項12号］
	壁式ラーメン鉄筋 コンクリート造	□壁式ラーメン鉄筋コンクリート造の建築物は、地階を除く階数が15以下で、かつ軒高≦45mとしなければならない［平13国交告1025号］

KEYWORDS 100

執筆者プロフィール

関田保行（せきた・やすゆき）

建築基準適合判定資格者・一級建築士・ルート2主事

1952年さいたま市生まれ。'75年武蔵工業大学（現東京都市大学）建築学科卒。埼玉県住宅供給公社勤務後、ビューローベリタスジャパン執行役員、ユーディーアイ確認検査法務統括などを経て、現在、建築法規研究所代表

元芝浦工業大学工学部建築学科、神奈川大学工学部建築学科非常勤講師、元日本建築行政会議理事、元建築行政情報センター（ICBA）理事

主な著書に「リアルイラストでスラスラわかる建築基準法」「確認申請マニュアル2011-2012」「はじめて学ぶ建築法規2011版」「世界で一番やさしい確認申請」など

写真でスラスラわかる建築基準法

2022年6月 2日　初版第1刷発行

2024年4月11日　　　第2刷発行

著　者｜　関田保行

発行者｜　三輪浩之

発行所｜　株式会社エクスナレッジ

　　　　〒106 - 0032東京都港区六本木7 - 2 - 26
　　　　https://www.xknowledge.co.jp/

問合せ先

（編集）Tel 03 - 3403 - 1381　　Fax 03 - 3403 - 1345

（販売）Tel 03 - 3403 - 1321　　Fax 03 - 3403 - 1829
　　　　info@xknowledge.co.jp